身になる練習法

ソフトテニス
オールラウンド力を高める

著 中本裕二 どんぐり北広島監督

実力の差は努力の差
実績の差は責任感の差
人格の差は苦労の差
判断力の差は情報の差

真剣だと知恵が出る
中途半端だと愚痴が出る
いい加減だと言い訳ばかり

本気でするからたいていのことはできる
本気でするから何でも面白い
本気でしているから誰かが助けてくれる

INTRODUCTION
はじめに

　どんぐり北広島の選手たちは、決してエリートではない雑草軍団です。その選手たちと私は、ともに学び合い、目標へと突き進んできました。そのように二人三脚で歩み、研究、分析、工夫……と積み重ねていく中で生まれたのが「攻撃型並行陣」です。当初はタブーとされてきた陣形や戦略でしたが、選手たちは私を信じ、失敗しても何度でも何度でも挑戦し続け、日本一、世界一という結果につなげてくれました。

　本書では、およそ30年の私の指導人生で作り上げた練習法の一部をご紹介します。日頃の練習のヒントに、そして競技力の向上に少しでも役立てていただければ幸いです。

どんぐり北広島ソフトテニスクラブ　監督
中本裕二

CONTENTS
目次

2 ── はじめに

第1章 ベーシックな練習で基礎固め

10	Menu001	4人乱打
14	Menu002	3本トップとロブの乱打
16	Menu003	トス打ち
18	Menu004	アタック止め（連続）
20	Menu005	連続50本のセカンドレシーブ
22	Menu006	カットサービス打ちっぱなし
24	Menu007	上からのサービスの基本
26	Menu008	ショート乱打
28	Menu009	バックボレー（強い面をつくる）
30	Menu010	コースボレー
34	Menu011	シュートボールをシュートボールで返す
36	Menu012	ツイストの切り返し
38	Menu013	ランニングストローク
40	Menu014	ボール回し
42	Menu015	4本コース打ち（前衛をつける）
44	Menu016	コースボレー＆スマッシュ
46	Menu017	前衛の間合いの取り方
48	Column	五木ひろしはボレー名人?!

第2章 オールラウンダーを目指す！

50	Menu018	スマッシュ10本打ち
56	Menu019	ハイボレー強化
58	Menu020	ヒッティングボレー強化
60	Menu021	ローボレー強化
62	Menu022	ダブル前衛ネットプレー（5分間）上げボール ver.
64	Menu023	ダブル前衛ネットプレー（5分間）実戦 ver.
66	Menu024	空中戦の連続プレー
68	Menu025	サービス＆ボレーの切り返し
70	Menu026	スマッシュフォロー
72	Menu027	セカンドレシーブから前へ
76	Menu028	カットサービスから前へ
80	Menu029	ボレー4本
82	Menu030	ネットプレー連続4本
84	Menu031	3対2
86	Menu032	ストロークのフットワーク強化
88	Column	空中戦を制す

第3章 フォーメーションを自在に駆使

090		陣形について
092	Menu033	どん北パターン①
096	Menu034	どん北パターン②
098	Menu035	どん北パターン③
102	Menu036	どん北パターン④
105	Menu037	裕ちゃんフォーメーション〈オーバーヘッドサービス編①〉
108	Menu038	裕ちゃんフォーメーション〈オーバーヘッドサービス編②〉
110	Menu039	裕ちゃんフォーメーション〈オーバーヘッドサービス編③〉
112	Menu040	裕ちゃんフォーメーション〈カットサービス編①〉
115	Menu041	裕ちゃんフォーメーション〈カットサービス編②〉
117	Menu042	裕ちゃんフォーメーション〈カットサービス編③〉
122	Menu043	裕ちゃんフォーメーション〈カットサービス編：X攻撃〉
124	Menu044	裕ちゃんフォーメーション〈カットサービス編：I攻撃〉
126	Column	ダブルスの戦い方

第4章 奇想天外（?!）戦術

128		4章に入る前に……		
129		奇想天外①くつかぶります作戦②ヤッホッホ作戦		
130		奇想天外③ラケットはどこだ？作戦		
130		テクニック①	132	テクニック②③
133		テクニック④	134	テクニック⑤
136		テクニック⑥		
138		超絶サーブ①②	139	超絶サーブ③④
140		超絶サーブ⑤	141	超絶サーブ⑥
142	Column	シングルスは簡単！		

第5章 シングルスの達人になる！

144	Menu045	前後フットワークの4本打ち
146	Menu046	スライスショットの基本
148	Menu047	スライスショットの打ち分け（柔らかい＆速いの交互）
150	Menu048	スライス＆ドライブ20本打ち
152	Menu049	3本打ち
154	Menu050	振り回し12本打ち（コース打ち分け）
158	Menu051	バックハンドからの攻めパターン
160	Menu052	フットワーク強化（カゴ戻り）
162	Menu053	時間をつくるスライス（フォア＆バック）
164	Menu054	2対1

終章 練習計画とメニューの組み方

166	1日の練習メニュー
168	1週間の練習メニュー
169	1カ月の練習メニュー
170	1年間の練習メニュー

| 172 | おわりに |

＊本書は基本的に右利きを想定した解説になっています。

本書の使い方

本書では、写真やコート図、アイコンなどを用いて、一つひとつのメニューを具体的に、よりわかりやすく説明しています。写真や"やり方"を見るだけでもすぐに練習を始められますが、この練習はなぜ必要なのか？ どこに注意すればいいのかを理解して取り組むことで、より効果的なトレーニングにすることができます。普段の練習に取り入れて、上達に役立ててみてください。

▶ 習得できる技能が一目瞭然

練習の難易度やかける時間、あるいはそこから得られる能力が一目でわかります。自分に適したメニューを見つけて練習に取り組んでみましょう。

▶ 練習の順番を確認

パートナーの球出しから練習者の打球まで、コート図を使って1球1球がどのような展開になるかを掲載。順番を把握することで、よりスムーズに練習に入れます。

そのほかのアイコンの見方

 掲載した練習をより効果的に行うためのポイントの紹介です。

 この練習がなぜ必要なのか？ 実戦にどう生きてくるのかを解説。

第1章
ベーシックな練習で基礎固め

ソフトテニスでは、自分がミスをしても、相手にミスをさせても1ポイント。
つまりミスをしては勝てない競技といえます。
試合中、その状況で打ってはいけない打ち方を強引にすると
ミスにつながるため、ミスのない打ち方を身につけていきましょう。

初級

ねらい 苦手なコース、得意なコースを理解する

Menu **001** 4人乱打

難易度 ★★☆☆☆
時間 各コース15分

習得できる技能
▶ 基礎固め
▶ フットワーク
▶ ミスをなくす
▶ 攻撃力
▶ 戦術
▶ 発想力(戦術面)

やり方

コートに4人が入る。1人3本連続で決められたコースへ（各図参照）打つ。その際、前衛2人はネット前に入る。4人が順番に打っていく。

❓ なぜ必要？

得意、苦手を知り、配球をつくる

コースを打ち分け、相手陣形を崩してポイントを奪っていくことを配球という。何も考えずに打ち返すのではなく、1ポイントとるための配球をしっかり考えて打っていかなければならない。そのためにも、自分の得意なコース、苦手なコースを知ることが必要だ。

❗ ポイント

しっかりコントロール

前衛がネット前に立っていることを想定しながら、アレーコート（サイドラインとサービスサイドラインの間）にボールをしっかりコントロールする。前衛は自分のパートナーのボールによって、ポジションどりをしっかり行う。

●右ストレート展開

Point!
2、3本目が引っ張るボールで、右ストレート展開では流すボールはない

1. 右ストレートに入ったAがストレート（❶本目）へ打ち、Dはストレートに返球。
2. 返球されたボールを、Aはクロス（❷本目）へ打ち、Cはクロスに返球。
3. 返球されたボールを、Aはクロスの鋭角＝ショートクロス（❸本目）に打つ。
4. 1人3球ずつ交代で同様に行う。

●左ストレート展開

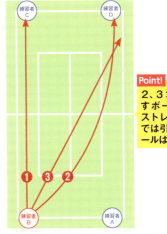

Point!
2、3本目が流すボールで、左ストレート展開では引っ張るボールはない

1. 左ストレートに入ったBがストレート（❶本目）へ打ち、Cはストレートに返球。
2. 返球されたボールを、Bは逆クロス（❷本目）へ打ち、Dは逆クロスに返球。
3. 返球されたボールを、Bは逆クロスの鋭角（❸本目）に打つ。
4. 1人3球ずつ交代で同様に行う。

●クロス展開

Point!
1本目が引っ張るボールで、クロス展開では流すボールはない

1. クロスに入ったAがクロス（❶本目）へ打ち、Cはクロスに返球。
2. 返球されたボールを、Aはストレート（❷本目）へロビングで返し、Dはストレートに返球。
3. 返球されたボールを、Aはストレート（❸本目）にシュートボールで返す。
4. 1人3球ずつ交代で同様に行う。

●逆クロス展開

Point!
1本目が流すボールで、逆クロス展開では引っ張るボールはない

1. 逆クロスに入ったBが逆クロス（❶本目）へ打ち、Dは逆クロスに返球。
2. 返球されたボールを、Bはストレート（❷本目）へロビングで返し、Cはストレートに返球。
3. 返球されたボールを、Bはストレート（❸本目）にシュートボールで返す。
4. 1人3球ずつ交代で同様に行う。

ワンポイントアドバイス

流すボールが多いほど弱い

　一般的に引っ張るボールよりも流すボールは威力が弱く、流すボールが多いほど、ラリーとしては弱い立場となる。そのため、後衛としては引っ張るボールを打てる展開に持っていきたいところだ。

　11ページの図の4つの展開を見ると、右利きの後衛が引っ張るボールをより多く使えるのは…
①右ストレート展開（引っ張り2本）
②クロス展開（引っ張り1本）
③逆クロス展開（引っ張りなし）
④左ストレート展開（引っ張りなし）
の順になる。

＊右利きの場合、左ストレートは攻撃力が一番低い展開といえる

Point!
この4人乱打では、自分の得意なコース、苦手なコースを理解しながら、実戦で生かせるよう練習していこう

● 引っ張り

● 流し

炸裂！ 中本裕二節「試合での考え方」

種をまいて終盤に収穫

　私が大切だと考えるのは、『ゲームの捨て方』です。よくゲームのとり方ばかりを考えている人がいます。「G④－0で勝つのが一番…」なんて、私から言わせればもってのほかです。

　簡単な例でいえば、スマッシュが得意な前衛であれば、前半はことごとく相手のシュートを止めるために横の動きを見せておきます。そうすることで、相手後衛はシュートを打てなくなり、後半にロビングを多用し始めたら、しめたもの。前衛の思惑どおり、後半、ロビングが多くなったら、さらにスマッシュを打って叩きのめす。

　前半に種をまいて、終盤に収穫する。たとえ前半、横の動きでミスをしたとしても、終盤に相手にロビングしか打てないように仕向け、そこをスマッシュで仕留められればよいのです。

Point! 打点は前

Point! 打点はやや後ろ

瞬間的に1コース捨てる

たとえば、ダブルフォワード（攻撃型並行陣）を攻めるコースとしては、相手から見て❶クロスの鋭角❷センター❸逆クロスの鋭角3コースがあるとします。ダブルフォワードのペアとしては、瞬間的に1コースを捨てる。つまり「Ⓐがクロスの鋭角を守れば、Ⓑはセンターを守る」＝逆クロスの鋭角を捨てるわけです。

予想しうるすべてのコースを守ろうとすることは不可能です。迷って動きが中途半端になるよりも、3分の2をしっかり守ると決断して動くことできっちり返球していくことができます。これは、ダブルフォワードだけではなく、試合の中で各自が瞬時に考えるべきことです。

前衛がサービスから前進時、相手レシーブで攻められる。スペースすべてを守ろうと思わず、センター、クロス鋭角、足元などいずれかのコースを捨てて3分の2を守る意識でポジショニングしよう

初級

同じシュートの打ち方から
ロブを打つ

ねらい

Menu 002　3本トップとロブの乱打

難易度	★★☆☆☆
時間	各コース7分

習得できる技能
▶ 基礎固め
▶ フットワーク
▶ ミスをなくす
▶ 攻撃力
▶ 戦術
▶ 発想力（遊び心）

やり方

乱打の際、Ⓐがロビングで返し、Ⓑはシュートで返球。Ⓐがロビングを3球打ったら、次はシュートで返球。Ⓐが打ったシュートボールをⒷはロビングで返球。Ⓑがロビングを3球打ったら、次はⒶがロビングを3球打つ。これを繰り返す。

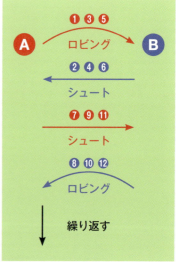

❗ ポイント

ロビングも打点を下げない

- 同じコースだけではなく、コース変更の練習もできる。
- ゲームの中ではシュートボールだけでは勝てない。シュートボール（トップ打ち）もロビングもしっかり深く返球できるようにする。
- ロビングもトップ打ちも打点を落とさずに、同じフォームから打っていくことで、球種を悟られず、相手を惑わすことができる。
- トップ打ちのボールからロビングに、ロビングからトップ打ちに、リズムが変わってもミスなく打てるようにする。

❓ なぜ必要？

相手を惑わす

たとえば、自分がクロスに打ちたいとき、相手前衛にコースを悟られ、ポーチボレーで止められてしまったら1ポイント失ってしまう。打つコースや打ち方を、相手に悟られないよう、相手をだますことが重要だ。そのためにも、同じテークバックからさまざまなボールを打てると、相手を惑わせることができる。

● トップ打ち

Point! トップ打ちもロビングもテークバックは同じで、打点は高い位置で打っている。相手に球種を悟られないようにすることが大切だ

Point! テークバックが同じ

● ロビング

ワンポイントアドバイス

相手に与える時間は少なく＝相手の時間を奪う

　右の図を見てみよう。ボールがワンバウンドする前後の軌道を描いている。Bはライジングの打点、Cはトップ打ちの打点、Dは打点を落として打った場合の打点。Aはノーバウンドで打つ場合の打点となる。

　バウンド直後の早いタイミングでライジングで打ったとき（B）と打点を下げて打ったとき（D）とでは、相手に与える時間が異なる。さらにノーバウンドで打った場合（A）では、相手により時間を与えずに返球することが可能。このように、できるだけ早い返球をすることで、相手が次のボールに備える時間を奪え、相手のミスを誘うことができる。そのためにも、ノーバウンドでの返球やライジング、高い打点での返球が非常に重要になる。

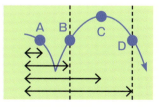

15

初級

ねらい：フットワークとコントロールを同時に磨くことができる

Menu **003** トス打ち

難易度	★★☆☆☆
時間	30分

習得できる技能
▶ 基礎固め
▶ フットワーク
▶ ミスをなくす
▶ 攻撃力
▶ 戦術
▶ 発想力（遊び心）

●クロス

やり方

1. 図のように、クロスにポジションをとった練習者に対し、球出し者が左右に手投げで球出しをする。
2. 練習者は交互に打ち、ストレート10本、クロス10本がアレーコート（サイドラインとサービスサイドラインの間）に入れば交代。
3. ネット前に立つ前衛は甘い球はボレーする。
4. 逆クロスでも同じように行う。

●クロス　　　●逆クロス

👆 ワンポイントアドバイス

上げボールによって、練習のねらいも変わってくる

この練習では、球出し者の上げボールがカギを握る。大前提はテンポよく上げることだが、各選手の特徴があるため、それぞれに合わせて上げボールを工夫してみよう。

- 足の速い選手には⇒遠目に上げる
- フットワークがまだ未熟な選手には⇒近くに上げ、まずはしっかりと足を運ぶことを覚えさせる
- ヒザを曲げさせたいときは⇒低いバウンドの上げボールをする
- 打点を高く打たせたいときは⇒高いバウンドの上げボールをする

⚠ ポイント 後ろ足を前に蹴り出せれば、次の動きが素早くなる

フットワークを素早く行うための練習。上体は曲げず、股関節を曲げてフットワークを行うと足さばきがスピーディになる。

- クロス側（逆クロスの場合はセンター側）で打球後に後ろ足が前に蹴り出すことで、センター寄り（逆クロスの場合は逆クロス寄り）への移動を素早くできる。
- センター寄り（逆クロスの場合は逆クロス寄り）へ移動する際、お尻から下がっては×。足をしっかり動かして下がる。

スタンスが狭い

重心が後ろに残る

OK お尻から下がらずに回り込む

Point! 上体を曲げず、股関節を曲げて回り込む

OK 蹴り出し

Point! スタンスは大きく、打球後は後ろ足が前に蹴り出してくる

初級

どこに打たれてもアタックを止められるようにする

ねらい

Menu **004** アタック止め（連続）

難易度 ★★☆☆☆
時間 5分

習得できる技能
▶ 基礎固め
▶ フットワーク
▶ ミスをなくす
▶ 攻撃力
▶ 戦術
▶ 決勝力（勝ち）

やり方　●ステップ1

1. 練習者は中央ネット前に立つ。
2. クロス、センター、逆クロスに立つ球出し者が、素早く威力のある上げボールを打つ（❶センター❷クロス❸逆クロスの順）。練習者からすると正面→フォア→バックのアタック止めをすることになる。
3. 次は、球出し者が連続3球ずつ順に上げボールをしていく。

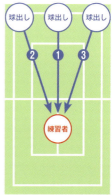

ポイント

ボールを上から見れば恐怖心はなくなる

- ボールを怖がらず、上から見るようにする。
- 相手レシーブを想定した練習。逆をつかれてもとれるようにする。そのためには、ラケットの出し方や身体のさばき方が重要になってくる。
  ✓ 身体に近いときには、ボールとは反対側に身体を逃してとる
  ✓ フォア側でもバックハンドでボレーしたほうがとりやすいこともある
- アタックボレーはボールの威力をラケット面で吸収して落とすイメージでとる。

| やり方 | ●ステップ2:応用 |

1. 練習者と球出し者がストレートに入る。
2. 1人の球出し者が正面、バック、フォアとランダムに球出しをする。練習者は球出し者の身体の向きやフォームから判断し、コースを読んでアタック止めをする。

! ポイント　球出し者を見て判断

球出し者のスタンスや身体の開き、左肩を見て、コースを判断していこう。

●正面　　　　●バック側　　　　●フォア側

▲球出し者のスタンスがネットに対して垂直。インパクト直前までシュートかロビングかわからないよう、左肩を内側に入れて(けん制)相手を惑わそうとしている

▲球出し者がストレートに流し気味に打ってくるため、クローズドスタンスで打点はやや後ろになる

▲球出し者がクロスに引っ張って打ってくるため、身体が開き、スタンスはオープンスタンス気味になる

初級

組み立てを考えてレシーブする

ねらい

Menu **005** 連続50本のセカンドレシーブ

| 難易度 | ★★★☆☆ |
| 時間 | 10分 |

習得できる技能
▶ 基礎固め
▶ フットワーク
▶ ミスをなくす
▶ 攻撃力
▶ 戦術
▶ 発想力（遊び心）

やり方　●ステップ1

練習者は50本のセカンドレシーブを打つ。

？ なぜ必要？

セカンドレシーブで攻撃すべし

相手はセカンドサービスをミスすることはできないため、確率の高いサービスを打ってくる。厳しいサービスではないので、レシーバーはセカンドレシーブで絶対に攻撃していかなければならない。

ポイント

サービスの入った場所でミスなくかつ攻撃的なレシーブを判断しよう

- 左ページのコート図のようにサービスエリアを9分割し、**相手のセカンドサービスの入った場所により、セカンドレシーブのコースを判断する。**
- ゲーム中と想定し、アタック、スライス、ロビング、シュートの球種などを考え、組み立てながらレシーブする。
- セカンドレシーブは、打球地点からネットが近く、打つ距離も短いため、スイングはコンパクトに振り抜く。

やり方 ●ステップ2

9分割とコース

攻撃的なセカンドレシーブを打つためには、強く速い球を打つだけではない。コースをしっかり打ち分け、**相手の陣形を崩し、相手のミスを誘うようなセカンドレシーブにしよう。** そのためにも、練習でさまざまな球種を使い、コースを打ち分けていく。

1…クロス、センター
2…どこでも打てる
3…クロス、センター
4…クロス鋭角、ストレートロブ、相手前衛のサービスならば、クロスネット前に落とす
5…前衛アタック、クロスネット前に落とす
6…前衛アタック、クロスネット前に落とす
7…クロスネット前に落とす
8…クロスネット前に落とす
9…クロスネット前に落とす

サービスのコース1:
クロス

サービスのコース2:
中央

サービスのコース3:
センター寄り

炸裂！ 中本裕二節 「試合での考え方」

ミスを許す

A「いいショットを打たなくてはいけない」 B「1本、(相手前衛に)ぶつけておく」

私はAでミスをした場合はダメですが、Bを考えてのミスなら、そのミスは惜しくないと思っています。Bは、戦略ありきの許せるミスだからです。

また、A「プレーボールの1本目」、B「ファイナルゲームの1本目」についての考え方としては、Aは落としてもOKな1本ですが、Bは決して落としてはいけない1本といえます。場面によって、1本の価値が違うわけです。

私のチームの選手たちには、18歳から22歳くらいまでの4年間で、このような試合での考え方を植えつけます。経験上、それまでの考え方から変えるには、4年はかかると思っています。

初級

ねらい
カットサービスの感覚を覚える

Menu 006 カットサービス打ちっぱなし

難易度	★★☆☆☆
時間	10分

習得できる技能
- ▶ 基礎固め
- ▶ フットワーク
- ▶ ミスをなくす
- ▶ 攻撃力
- ▶ 戦術
- ▶ 発想力（遊び心）

やり方
練習者はベースラインの後ろに立つ。球出し者から1球ずつ手渡されたボールでカットサービスを打っていく。

❓ なぜ必要？

こすり加減でさまざまに変化

サービスは唯一自分ひとりで練習できるショット。また、確率高く、さまざまなサービスが打てると攻撃力も増す。中でもカットサービスは、相手に強打されにくい。さらに、カット具合でボールの変化はさまざまに変わる。「コレくらいラケット面でボールをこすれば、こういうカットサービスが打てる」という感覚を早くつかめば、こする加減によって、ボールにいろいろな変化をつけることができる。

❗ ポイント

リズムとタイミングで打つ

- 何も考えず、無心に本数をこなしていく。そうすることで、カットサービスの感覚を磨く。
- テンポよく、リズムとタイミングで打っていく。
- 慣れてきたら、インパクト（ラケット面でボールをこする際）のカット（切り方）、打点を変えるなどしてさまざまなボールの変化を体験してみよう。

●カットサービスの打ち方

イースタングリップ（＝包丁握り。地面に対してラケット面を垂直にした状態で握る）で、グリップを短く持つ。ボールの打ちたい方向に対し、身体を45度の角度に向ける。カットサービスのトスは手首を使わず、ボールを下に落とすイメージで行おう。

初級

ねらい
グリップの握りをかえ、サービスを打てるようにする

Menu **007** 上からのサービスの基本

難易度 ★☆☆☆☆
時間 5分

習得できる技能
▶ 基礎固め
▶ フットワーク
▶ ミスをなくす
▶ 攻勢力
▶ 戦術
▶ 発想力（遊び心）

やり方

1. セミイースタングリップ（ウエスタングリップとイースタングリップの間）でラケットを握り、ベースラインに平行に立つ。
2. 1の体勢からラケット面を正面を向け、ラケットを耳のわきにセットする。
3. その状態で右ヒジから下を後ろに曲げる。
4. トスを上げて、ヒジの高さを変えずに打つ。

❓ なぜ必要？

各ショットに適した握り方がある

各ショットともにミスしにくい、打ちやすいグリップの握り方がある。たとえば、ストロークはウエスタングリップで打っていても、サービスはセミイースタンやイースタングリップのほうが確率よく、コースを打ち分けていくことができる。

初心者はグリップの握り方をかえて打つことがなかなかできないだろう。しかし、遊びの中でグリップをかえて打つことを覚えていくと、意外とコツをつかみやすい。上達していく中で各ショットに適したグリップの握り方を覚えていこう。

❗ ポイント

ヒジは高い位置に

- テークバックの際（利き腕のヒジから下を下げるとき）、ヒジは下げてはいけない。下がってしまうと、打点までの距離が最短距離にならず、身体がブレやすい。
- 正面を向いた状態から、慣れてきたら身体を横向きにして行う。段階を踏んだ練習でフォームが習得しやすくなる。

ヒジが下がると高い打点でインパクトできず、フォームも乱れ、威力のあるサービスが打てない

初級

フルスイングすることでボールコントロールの感覚をつかむ

Menu **008** ショート乱打

難易度	★★☆☆☆
時間	5分

習得できる技能
▶ 基礎固め
▶ フットワーク
▶ ミスをなくす
▶ 攻撃力
▶ 戦術
▶ 発想力（遊び心）

やり方

コート図のように、クロス、逆クロスともにサービスライン付近のサイドラインの外側でショート乱打を行う。

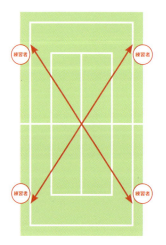

❓ なぜ必要？

コンパクトなスイングを

ボールを打つ場所によって、打つボールの長さも変わってくる。コート中間地点から打つ場合、中途半端なスイングではミスをしやすい。コンパクトかつしっかり振り切って打つことでミスなく返球できる。

❗ ポイント ラケットヘッドを落とす

- セカンドレシーブや短いボールをイメージして打っていく。
- ラケットヘッドを落とし、ラケットの重心でスイングする（ゴルフのスイングのように）。

▲ネットからの距離が短いボールを打つ場合、テークバック時にラケットヘッドを立てるとミスしやすい。ラケットヘッドを下げてアンダーストロークをすることでボールに回転をかけやすくなり、ミスのないボールが打てる

ワンポイントアドバイス

徐々に素早く鋭いスイングをつくり上げていく

　一般的に、練習ではボレー＆ボレー（短い距離でノーバウンドでボレーをしあう）から始めるチームが多いだろう。

　しかし、私たちのチームでは、ロブ乱打→中ロブ乱打→シュート乱打→ショート乱打→ローボレー＆ローボレー→ショート乱打の順に行う。なぜかというと、ロブ乱打で肩をつくり、身体をあたため、中ロブからショート乱打へとつなげていくことで、徐々に素早く鋭いスイングになっていくからだ。みなさんもよかったら、試してほしい。

初級

速い球に負けない 90度の強い面をつくる

Menu **009** バックボレー（強い面をつくる）

難易度 ★★★★★
時間 5分

習得できる技能
▶ 基礎固め
▶ フットワーク
▶ ミスをなくす
▶ 決め力
▶ 対応力
▶ 精神力（安定心）

横から

正面から

やり方

1. 練習者はネット前に立ち、身体をネットに対して90度に向ける。
2. 球出しはストレートで、練習者がラケットを出したところに上げる。
3. 練習者はバックボレーする。

❓ なぜ必要？

相手の球に合わせる

相手が遅い球ならしっかりと押し出すが、相手が速い球ならその威力を生かしたボールのとらえ方をする。

❗ ポイント 90度の角度を意識

- ネットに対して身体が90度の向きで打つのがバックボレー。グリップと腕の角度も90度の状態でインパクトする。
- スピードのある速いボールは、だいたいネットの白帯の近くを通る。そのため、ミスなく最短距離でとるために、構えるときは白帯の高さに右手がくるぐらいに。

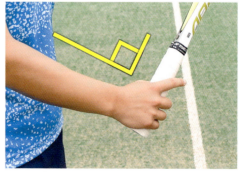
▲バックボレーのインパクト時はラケットと腕が90度の角度に

OK 構えからインパクトでは、グリップから出すイメージで。
ヒジを支点に、わきを締めて、ヒジを身体の前に出してインパクト。

NG ラケットヘッドを使ってスイングすると、速いボールの威力に負けてしまう。
ヒジが後ろの状態でインパクトするとミスにつながる。

▲ヒジが上がり、わきがあくと速い球に対応できない

👆 ワンポイントアドバイス

「パッパーン」とリズムよく

ここで紹介したのは、インパクト面をつくった状態を体感するための練習。私たちのチームでは、後衛ももちろん練習する。球出しの「パン」とい う打球音と、練習者のインパクトの「パン」という音が、「パッパーン」とリズムよく響くように練習していこう。

初級

ポーチボレーの基本を習得する

ねらい

Menu **010** コースボレー

難易度	★★☆☆☆
時間	5分×4コース

習得できる技能
- ▶ 基礎固め
- ▶ フットワーク
- ▶ ミスをなくす
- ▶ 攻撃力
- ▶ 戦術
- ▶ 見極力（見抜ける）

やり方　●ステップ1

1. クロス、逆クロス、右ストレート、左ストレートの4コースを、それぞれ1コースずつポーチボレーで返す。
2. 左下の図のように、球出しの位置をあえて前後させることで、練習者のポーチに出るタイミングを変える。

球出しコース
1. クロス
2. 逆クロス
3. 右ストレート
4. 左ストレート

❓ なぜ必要？

少ないチャンスにミスなく

自分で相手の打つコースに動き、ボールをとりにいく前衛。ポーチボレーは前衛の基本ショットともいえる。自分が読んだコースに飛んできた少ないチャンスに、ミスなくボレーできるようにしよう。

⚠ ポイント　ボールを離した瞬間にスタート

- 練習者は球出し者がボールを離した瞬間にスタートを切る。
- 球出しのタイミングやボールのコースが変化しても瞬時に対応できるように、この練習を繰り返し行うことで、基礎をしっかり身につける。

＊ステップ2のやり方はP32に掲載

 ワンポイントアドバイス

切り返しを意識

　ランニングボレーでは、「走り抜けろ」と指示をする指導者も多いだろう。ただ、実戦では相手にフォローされることもあるため、走り抜けてしまうと次の球への対応が遅れる。

　そこで、日頃の練習から実戦を意識して、**ランニングボレー後、素早く身体を切り返してポジショニングすることをオススメする**。

　また、さらに上級者には、ポーチボレーに出るタイミングを自分なりに変えながら練習してもらいたい。たとえば、「フェイントをかけてからスタート」「じっと待って、一気にスタート」など、1つの練習でも自分自身が工夫することで得られるものは多いはずだ。

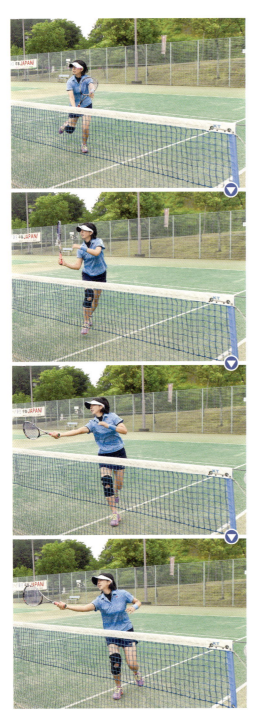

| やり方 | ●ステップ2 |

1コースずつ4コースのポーチボレーを行うが、想定コースよりも、身体の近く、またはより遠くに球出しをすることで、さらに上げボールに変化をつける。

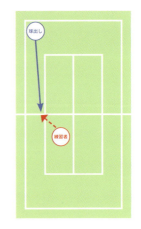

ポイント

身体を逃してとる

自分が読んでいたコースよりもボールが内側に飛んできた場合、身体は進行方向に向きながら、ボールをとらえる直前に身体を後ろに逃してラケットをボールの飛んでくる方向に向けてとる。ズレたボールに対応することは試合でいきなりはできない。日頃の練習から取り組んでおこう。

ボレーの基本をわかっている?

ボレーの際のグリップは中指、薬指、小指の3本の指で握り、親指、人さし指は添える程度に持つ。ほかのショット同様に、あまりギュッと握らず、ボールをインパクトするときにキュッと力を入れる。

ネット前の待球姿勢では、ネットからラケット1本半程度後ろにリラックスした状態で立つ。足幅は肩幅くらいでヒザをやや曲げ、ラケット面をネットの白帯よりも上に上げ、利き腕とは逆側の手をラケットに添える。

▲手だけで打たない。身体全体でボールをとらえる

▲ラケットをネットの白帯よりも下に構えない

▲テークバックのときはラケットを上げすぎない

▲ネットに身体が隠れないように。背筋を曲げない

中級

スピードボールに対する対応を学ぶ

Menu 011 シュートボールを
シュートボールで返す

難易度 ★★☆☆☆
時間 7分

習得できる技能
▶ 基礎固め
▶ フットワーク
▶ ミスをなくす
▶ 攻撃力
▶ 戦術
▶ 意識力（遊び心）

やり方

球出し者がそれぞれクロス、逆クロスのサービスラインよりもやや後ろから速いシュートボールの上げボールをする。練習者は10の力で返球する。

❓ なぜ必要？

相手打球を生かして返球

スピードボールを打たれても、しっかりと相手打球の勢いを利用して返球していこう。ロビングで返球すると相手にさらに攻撃されてしまう。

❗ ポイント

重心を落とし、後ろから前への体重移動をしっかりと

速い打球に対し、威力に負けずにスピードボールを返球するためには、素早く打点をとらえ、下半身を低くしてフラットに打つことが大事。

ワンポイントアドバイス

相手を逆にびっくりさせる

相手は自分が速いシュートボールで押し込めば、甘い山なりの返球が返ってくると思うはず。しかし、そこでしっかりと下半身を落とし、力強く速いシュートボールでカウンターを逆に打っていけば、相手はびっくりする。つまりピンチをチャンスに変えるわけだ。

女子選手で、カウンターを打てる選手は少ないかもしれないが、日頃から練習しておけば、非常に大きな武器になる。

▲インパクト時はフラット面で相手打球の威力をしっかり吸収し、その力を利用して速いシュートで返す

▲インパクト時にラケット面がかぶったり、重心が後ろになって身体がのけぞると、スピードボールに負けてしまうので注意

中級

短いボールの処理を覚える

Menu 012 ツイストの切り返し

難易度 ★★★☆☆
時間 10分

習得できる技能
▶ 基礎固め
▶ フットワーク
▶ ミスをなくす
▶ 攻撃力

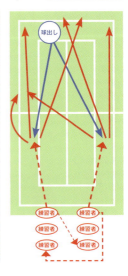

やり方

1. 練習者はクロス、逆クロスに並ぶ。クロスのサービスライン付近から球出しがショートボールを上げボールする。
2. 練習者は前に詰めてショートボールに対応する。
3. 逆クロスからの上げボール（相手前衛のレシーブ後とイメージ）も、同様に行う。

ポイント

できるだけ高い打点で打つ

- ツイストの切り返しでは、どこに返球するかが大事。ストレート、センターへの深いボールの返球と、さらにネット前へツイストで落とすことができれば効果的。
- ツイストを打たれた場合、ボールのところに素早く移動し、できるだけ高い打点で打つとミスなく返球できる。
- ツイストの返球を相手前衛にとられないよう、左肩を内側に入れてけん制し、相手前衛が動けないようにする。

なぜ必要？

短いボールもあきらめない

短いボールを返せずに失点する選手が多い。短いボールの処理の差が勝敗を分けるだけに、あきらめずに適切な対応ができるようにしよう。

ワンポイントアドバイス

スプリットステップで加速！

日頃の練習から実戦を想定し、短いボールを打たれる瞬間にスプリットステップ（かかとを上げ、踏み込む）して移動スピードを加速させるといいだろう。

●フォアハンドで返球

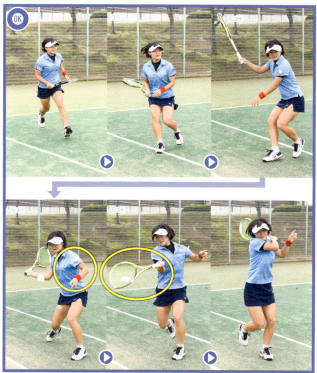

▲お尻を突き出したり、前のめりになるとミスしやすい

▲素早くボールの地点に移動し、肩を内側に入れて高い打点で打つ

●バックハンドで返球

❗ポイント　バックカットを使おう!

バック側にツイストを打たれた場合は、バックカットで返すことでミスなく、効率よく返球できる。フォアハンド同様、素早く移動し、できるだけ高い打点でボールの下側をラケット面でこすってカットをかける。素早く短くカットすれば、短くスピードのある返球になる。一方、ボールをラケット面に乗せるようにフォロースルーを長くすると、深くゆっくりしたボールが返る。

中級

ねらい フットワークと身体の回転でボールを飛ばす

Menu **013** ランニングストローク

難易度 ★★★★★
時間 10分

習得できる技能
▶ 基礎固め
▶ フットワーク
▶ ミスをなくす
▶ 攻撃力
▶ 戦術
▶ 精神力（選び方）

やり方

1. 練習者は逆クロスに立つ。球出し者がクロスからクロスへ上げボールをする。
2. 練習者は逆クロスからクロスへ走り、ランニングストロークでクロス、またはストレートへシュートボールで返球。
3. ネット前についた前衛は、練習者の打ち方から判断してクロス、ストレートへ動く。
4. 逆クロスからの上げボールも同様に行う。

Point!
軸足である右足にためをつくる

? なぜ必要？

ランニングショットをマスター

相手に厳しいボールを打たれ、予想よりも遠くにボールが飛んできた場合は、走りながら打つランニングショットの打ち方で返球していく。フットワークしながら、軸足を決め、その軸足でジャンプをし、片足で打っていく打ち方だ。

ワンポイントアドバイス

前衛の動き

前衛は練習者の走ってくる軌道などから判断し、クロス、ストレートへ動く。判断基準としては……
Ⓐ 練習者が前に出ながら打ってくるため、ストレートへの返球を予想
Ⓑ 練習者が直線的に移動しているため、クロスへの返球と予想
Ⓒ 練習者がやや円を描くように移動しているため、ロビングの返球も想定する

Point! ジャンプをしながら打つ

Point! 打球後は打った方向に身体が向く

中級

ボールが遠いときのフットワークを覚える

ねらい

Menu **014** ポール回し

難易度	★★★☆☆
時間	10分×2コース

習得できる技能
▶ 基礎固め
▶ フットワーク
▶ ミスをなくす
▶ 攻撃力
▶ 戦術
▶ 発想力（遊び心）

やり方

1. クロス、逆クロスに練習者は入る。それぞれ球出しがサービスコーナーの横から手投げで、サイドラインぎりぎりでコート外へバウンドしていく上げボールをする。
2. クロス、逆クロスに入った練習者はコート外からストレートをねらってコート内へ返球（ポール回し）する。
3. 甘い返球に対しては、ネット前の前衛が叩く。

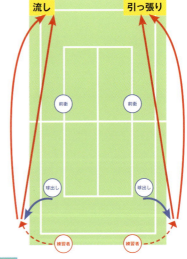

❓ なぜ必要？

ポールの外側からコートに入れる

相手にコート外に出されるような厳しいボールを打たれたとしても、コート外側から相手コートに入るように、ネットのポールを巻き込むような打ち方で返球することをポール回しという。厳しい球もあきらめずに返球しよう。

● クロス（引っ張り）

> **！ポイント** ボールの外側を叩く

- コート外側にバウンドしてくるボールを、ランニングストロークのように右足でジャンプしながらストレートへ返球する練習。返球の軌道が直線だとネット前の前衛にとられるため、**ボールの外側を叩いて「外から内へ」打つイメージで**打っていく。
- ボール回しは、空中のどこを通すかではなく（点ではなく）、ボールを通過点としてイメージするとネットしにくい。

● 逆クロス（流し）

> **！ポイント** ボールの内側を叩く

- 逆クロスの場合、右利きならば回り込んでフォアでボール回しをする。打点を高く上げ、ボールの内側を叩いていく。
- 回り込んで流し気味にボールを打つときは、左肩を引くイメージでスイングするとラケットが自然と前に出ていく。

中級

ねらい 前衛をつけ、試合をイメージして返球

Menu 015　4本コース打ち（前衛をつける）

難易度 ★★★☆☆
時間 10分

習得できる技能
▶ 基礎固め
▶ フットワーク
▶ ミスをなくす
▶ 攻撃力
▶ 戦術
▶ 完成力（遊び心）

？ なぜ必要？
相手前衛にとられない返球を
試合時には相手前衛がネット前にいる。相手前衛にとられないような返球を日頃から心がけていかないと本番でもできない。日々の練習でも前衛をつけて練習していくことが重要だ。

！ ポイント
身体の回転とボールの叩く位置を意識
- 練習者は身体の回転とボールのどこを叩くかを意識する。引っ張りのときはボールの外側を、流しのときにはボールの内側を叩く。
- 実戦を意識し、打球後にポジションにしっかり戻ることも心がける。
- 練習者の意識としては、前衛がポーチに出たとき、その先を通すボールを打つ気持ちを持つ。

やり方

1. クロスに入った球出し者が4本連続で上げボールをし、練習者が返球する。前衛は甘い球をおさえる。上げボールと返球コースは以下の通り。
   ① 球出し者：センター寄りの上げボール
      ⇒ 練習者：回り込んでクロスへ（引っ張り）
   ② クロスへ厳しい上げボール
      ⇒ ストレートへ（流し）
   ③ センター寄りの上げボール
      ⇒ 回り込んでストレートへ（流し）
   ④ クロスへ厳しい上げボール
      ⇒ クロスへ（引っ張り）

2. 逆クロスからの上げボールも同様に行う。また、バリエーションとして4本×3セットで12本打ちの練習もできる。

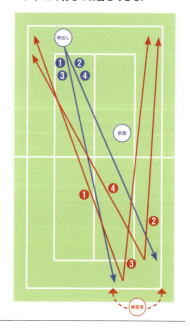

ワンポイントアドバイス

前衛はポジションをしっかりとる練習にしよう!

　後衛の練習だけではなく、前衛も1本ずつしっかりとポジションどりをしていこう。小学生や中学生はラリー中のポジションを理解するのもむずかしいだろうから、練習中は下写真のようにコーンを置いて球出し者(自分のペア)が打ったボールの位置によってポジションを変えていこう。

　たとえば、1〜4球目の上げボールの位置を決めず、前衛は1球ずつポジションどりの練習をし、最後の1球だけとりに動く練習にしてもよいだろう。

●基本的な前衛のポジションのとり方

相手後衛の打点の位置と自分たちペア側のセンターマークを結んだ線上に立つのがセオリーだ。

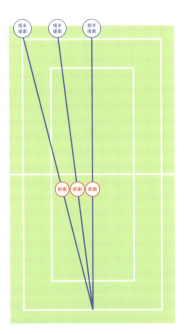

▲相手後衛がクロスの厳しいコースへ動いたときのポジションは、ややサイド寄りに

▲相手後衛がセンター方向へ動いたら、前衛も素早く移動する

▲相手後衛がセンター寄りに動いたときのポジションは、サービスセンターライン上

中級

連続でネットプレーを仕掛ける

ねらい

Menu 016 コースボレー&スマッシュ

難易度	★★☆☆☆
時間	7分×2コース

習得できる技能
- ▶ 基礎固め
- ▶ フットワーク
- ▶ ミスをなくす
- ▶ 攻撃力
- ▶ 戦術
- ▶ 発想力（遊び心）

クロスポーチ

スマッシュ

やり方

1. クロスに入った球出し者Aがクロスへ上げボール（❶）し、練習者はクロスポーチ。
2. 球出し者Bがストレートへ山なりのボールを上げ（❷）、練習者はスマッシュを打つ。
3. 逆クロス展開でも同様に行う。

●クロス　　●逆クロス

? なぜ必要?

ボレー後に安心しない

試合ではボレーをしても相手にフォローされる。日頃の練習から相手のフォローを意識していないと、本番にも対応できない。

! ポイント　ボレー後のフォローを想定してスマッシュを追う

- コースボレーをしたあと、フォローされたボールをスマッシュで叩く練習。
- スマッシュの球出しは、「低く」「高く」「センター寄り」など、上げボールを変えながら行うと、フォローされたボールを追うイメージを抱きやすい。

Level UP!
ストレートボレー⇒ポーチボレー⇒スマッシュ

コート図のように、ストレートボレーからクロスのポーチボレーに行き、そこからストレートのボールを追ってスマッシュを打つ練習。ストレートボレーからポジションに戻って、クロスポーチに行くのは非常にむずかしく、体幹がブレないように注意しよう。

▼ストレートボレーをとりにいき、写真⑤で左足で切り返してクロスのポジションに戻っていく（写真⑧）。そこから今度はクロスにポーチボレーへ。クロスポーチ後、写真⑫で右足で切り返し、写真⑬でまたポジショニングする。体幹がブレないよう、しっかり下半身を使って切り返していこう

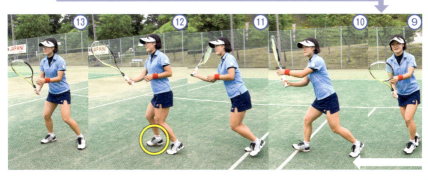

中上級

勝負、誘いのタイミングをつかむ

Menu **017** 前衛の間合いの取り方

難易度	★★★☆☆
時間	10分

習得できる技能
▶ 基礎固め
▶ フットワーク
▶ ミスをなくす
▶ 攻撃力
▶ 戦術
▶ 発想力(遊び心)

やり方

1. 後衛同士はクロスで乱打をする。後衛は相手前衛がクロスに動いたのが見えたら、①「クロスラリーのみ」②「後衛はクロスにロビング」③「ストレートに打つ」など、段階を踏んで行う。
2. 前衛は1球ずつポジションどりを意識して行う。

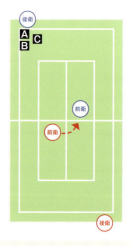

ポイント

ポジションどりはどこにボールが落ちたかで判断

- 前衛は自分の後衛が打ったボールが、相手コートのどこに落下したかでポジションをとり、次の動きを決める。
  - **A**……クロスにポーチボレーに動いてもOK
  - **B**……クロスに動いては×。ストレートを抜かれる
  - **C**……相手はクロスに打ってきやすい
- 前衛がポジショニングができるようになったら、次は「1ラリー前はクロスに出たが、次は出ない」など、相手後衛との駆け引きを考えていこう。

 ### ワンポイントアドバイス

「テークバック完了のちょっと前」に動く

　前衛がポーチに出るタイミングが早すぎると相手後衛にかわされる。逆に、動くタイミングが遅いと、相手後衛のボールにさわれない。では、どのタイミングでポーチに出るのがベストなのか。
　私はよく初心者に指導するとき、「相手後衛がテークバック完了するちょっと前に動き始めよう」と話す。もちろん上級者などは、あえて遅く動き始めて、相手後衛に打たせてからポーチをとることもある。だが、初心者ならば、テークバック完了のちょっと前に動くことで、相手後衛のボールにさわりやすくなるはず。ぜひ、試してみよう。

column 　五木ひろしはボレー名人?!

　ボレーはストロークと異なり腕をスイングさせることではありません。セットした状態で、インパクト時にグリップをギュッと握る感覚なのですが、その後のフォロースルーではラケット面を残す（打った方向にラケット面を向ける）と全体的に安定します。ラケット面を残すということは、インパクト後に面が自然と上を向くような動きなのです。

　これはまさに、「五木ひろし」の動き。歌うときに身体をよじって拳を外から内に入れる、五木ひろしの得意のあの動きです。ここで参考にしてほしいのは、右わきを締めながら、ヒジや手首の角度を変えずに自然に拳が上を向くところ。同時に右足のヒザを左足に寄せてくるところも非常に重要です。これらを守るとボレーは安定します。さらなるメリットとして、五木ひろしのマネをすると、スライス系のボールを打つのが上手になります。

　今度、カラオケをするときには、ぜひ五木ひろしのマネをしてみましょう(笑)。五木ひろしを知らないという若いみなさんは、お父さん、お母さんに聞いてみてくださいね。

第2章
オールラウンダーを目指す!

ダブルス、シングルスともに強い選手を育成するどんぐり北広島。
その強さの源は、選手それぞれがストロークもネットプレーもできる、
オールラウンドな技術にある。
チャンスがあれば、できるだけコート前へ出て、
ノーバウンドで攻撃していこう。

初級

反復練習からフォームを習得
ねらい

Menu **018** スマッシュ10本打ち

難易度 ★★★☆☆
時間 15分

習得できる技能
▶ 基礎固め
▶ フットワーク
▶ ミスをなくす
▶ 攻撃力
▶ 戦術
▶ 発想力（遊び心）

● ステップ1
「左足を踏み込んで打つチャンスボール」

やり方
1. 練習者がネット前に立つ。
2. ベースラインよりも少し前に立つ球出し者が、サービスライン付近深さの上げボールをする。
3. 練習者がスマッシュを打つ。

？ なぜ必要?

チャンスならノーバウンドで
相手が甘い山なりのボールを打ってきたにもかかわらず、ワンバウンドさせてストロークするのはもったいない。少しでも相手に時間を与えないよう、すかさずノーバウンドでスマッシュを打ちたい。

！ ポイント テークバック時、ラケットは背筋にまっすぐにセット

- スマッシュの基本の打ち方は、身体は横、顔は前を向き、後ろにある右足のつま先は外向きにし、左手を上げる。右肩とヒジを上げて、右肩を回してグリップからおろすイメージでスイング。手首からスイングするのはNG。
- テークバックでは、ラケットは背筋にまっすぐにセット。そうすることで、最短距離でインパクトまでスイングできる。
- インパクトからラケットの抜き方は、ボールを打った面を身体側に向けると自然と回転がかかっていく。

●構え　　　●グリップ

▲グリップの位置は携帯電話の位置をイメージしよう
▲グリップの位置が変わると、スムーズにスイングできない

●ラケット抜き方

Point! 打った面が身体側を向いてラケットを抜くことでミスが少なくなる

Point! 打った面が外側を向いてラケットが抜けると、ネットしやすくなる

●ステップ2「ジャンピングスマッシュ」

やり方

1. 練習者がサービスラインより少し前に立つ。
2. サービスライン付近に立つ球出し者が、ベースライン近い深さの上げボールをする。
3. 練習者がジャンピングスマッシュで打つ。

！ポイント

軸足の右足でジャンプ

ジャンプしないと打てない深さのときは、軸足である右足でジャンプしてスマッシュを打つ。ジャンプする方向はボールの軌道と同じ。

●ステップ3「大きいロビングを追う」

やり方

1. 練習者がネット前に立つ。
2. ベースラインよりも少し前に立つ球出し者が、ベースライン近い深さの上げボールをする。
3. 練習者がスマッシュ（ジャンピングスマッシュ）で打つ。

ポイント

やや深いボールのときには左足を横に出して打つ

相手打球がやや深いときには**左足を横に出して**身体を開きながら**スマッシュ**を打つとよい。より深いときにはジャンピングスマッシュで打とう。

●ステップ4「後ろから前のスマッシュ」

やり方
1. 練習者がベースライン付近に立つ。
2. ベースラインよりも少し前に立つ球出し者が、サービスラインとベースラインの間付近に上げボールをする。
3. 練習者が後ろから前に詰めてスマッシュを打つ。

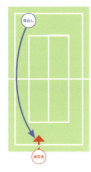

！ポイント

打点を前にとる

後ろから前へ詰めてスマッシュを打つ場合、ボールの軌道が低い場合は、打点を前にとるとミスしにくい。

ワンポイントアドバイス

リラックスした状態で、ゆっくりとタイミングを合わせる

スマッシュでは、あまり早く打点に入ってテークバックをとってしまうと力んで空振りすることもある。リラックスした状態でゆっくりとタイミングを合わせて打点に入ることが重要だ。

後ろに追うスマッシュの場面

👉 ワンポイントアドバイス

フットワークは反動をつけて加速させる

スマッシュをうまく打つためには、ボールの落下点に素早く身体を持っていくことも非常に大切。たとえば、後ろにボールを追う場合、左足を1歩前に出してからフットワークをスタートすることで反動がつき、加速する。また、後ろから前に詰める場合は、コート後方でスプリットステップを入れて一気に前に詰めると素早く移動できる。ぜひ、このテクニックを取り入れてみよう。

Point！
左足を1歩前に出す

炸裂！ 中本監督節「どん北の武器」

甘いロビングを上げさせ、すかさず前に詰めて一撃！

　私たちのチームでは、ベースラインプレーヤーもネットプレーヤーにそん色ないくらいにスマッシュが打てます。特に後ろから前へ詰めて打つスマッシュは、「どん北の武器」です。

　ノーバウンドで返球するほうが、相手に次の準備をする時間を与えず、より効果的な一撃を与えられます。

　そのためにも相手陣形を崩し、相手後衛を走らせてロブを上げさせ、甘い返球ならば、すかさず前に詰めてスマッシュで仕留めるわけです。

初級

面を残してボレーする意識を植えつける

ねらい

Menu **019** ハイボレー強化

難易度 ★★★☆☆
時間 7分

習得できる技能
▶ 基礎固め
▶ フットワーク
▶ ミスをなくす
▶ 攻撃力

やり方

1. 球出し者、練習者がストレートに入る。
2. 球出し者がスライス面でやや山なりの上げボールをし、練習者がバックでハイボレーする。

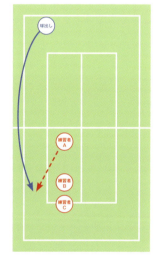

? なぜ必要?

ミスをしやすい、むずかしいバックのハイボレーを強化!

試合中、中途半端なボールの処理ほど、前衛はミスしやすい。特に、バック側にやや高めのボールが飛んできたとき、バックのハイボレーはむずかしいショットといえる。相手にミスを誘われても、しっかり返球してチャンスにつなげていくためにも、バックのハイボレーを強化すべきだ。

⚠️ ポイント
グリップからおろし、ラケット面を残す

ネットに対して身体の向きは90度にし、左手でラケットを引いてテークバック。グリップからおろすイメージでラケット面を残してスイング。

Point! グリップはセミウエスタンで握る

Point! グリップから振りおろすイメージでスイング

Point! むずかしいボールのときには振りおろさず、落としたい方向へラケット面を残す

57

初級

ノーバウンドでの返球の仕方をマスターする

Menu 020　ヒッティングボレー強化

難易度 ★★★☆☆
時間 7分

習得できる技能
▶ 基礎固め
▶ フットワーク
▶ ミスをなくす
▶ 攻撃力
▶ 戦術
▶ 発想力（遊び心）

やり方

1. 球出し者、練習者はクロスに入る。
2. 球出し者はふわっとしたボールをサービスラインあたりに上げボールする。
3. ベースラインよりやや前にいた練習者は前に詰めて、ノーバウンドでヒッティングボレーをする。

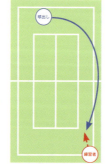

⚠ ポイント

軸足でジャンプして空中でインパクト！

ヒッティングボレーの場合、やや高めのボールがきたら軸足でジャンプして、空中でインパクトすることで、より威力のある返球ができる。

？ なぜ必要？

相手に時間を与えず、攻撃的なプレーを！

山なりの甘い球がきたら、すかさずノーバウンドで叩く習慣をつけたい。チャンスボールをワンバウンドさせて返球すれば、相手に次の準備をする時間を与え、チャンスボールにならない。チャンスには、返球時間の短いノーバウンドな攻撃を心がけよう！

👉 ワンポイントアドバイス

引いて振るのではなく、前から振る

ヒッティングボレー（スイングボレー）は、ストロークの延長とよくいわれる。ただ、後衛がヒッティングボレーをする場合、よくストローク同様にテークバック時にラケットを大きく後ろに引いてしまいがち。しかし、やはりコンパクトなスイングがミスにならないための条件であり、「ラケットを引いて打つのではなく、ラケットは前から振る」イメージで練習してみよう。

Point! コンパクトなテークバックからラケットをスイングする

Point! ストロークと同様、テークバックで後ろにラケットを引いてスイングするとミスが出やすい

初級

ねらわれやすいローボレーを強化する

Menu 021 ローボレー強化

難易度 ★★☆☆☆
時間 5分×2コース

習得できる技能
▶ 基礎固め
▶ フットワーク
▶ ミスをなくす
▶ 攻撃力

やり方

1. 練習者、球出し者がストレートに入る。
2. 球出し者がサービスライン付近にいる練習者にローボレーの上げボールをする。
3. 練習者はローボレーで返球する。

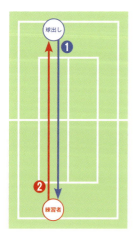

！ポイント インパクトは空中で行う

- 斜め前にジャンプし、インパクトは空中で行う。
- 右側にきたら右へジャンプ、左側にきたら左へジャンプしてボレーする。
- スイング時は手首を返してはいけない。

ジャンプしない

◀前進時の前に詰める流れの中でジャンプしてローボレーするが、ジャンプしないでインパクトすると流れが止まり、ミスをしやすい

◀インパクト後、手首を返してしまうとボールコントロールができない

左足でジャンプする

◀右側にきたボールに対し、左足でジャンプをするとバランスを崩し、ミスにつながる

❓ なぜ必要？

絶対ねらわれるローボレーでミスをしない！

ローボレーが得意という選手はあまり多くない。相手からすれば、ネットから離れた地点で前進時のローボレーをミスさせるというのは、オーソドックスな攻撃方法だ。だからこそ、ねらわれてもミスせずに返球できるようにならなければいけない。

👆 ワンポイントアドバイス

コート後方へ下がるほど低く構える

ネット前に立つときに待球姿勢を低くしてしまうとボレーがとれない。したがって、ネットから離れているほど待球姿勢を低くし、ネットに近づくほど高くするようにしよう。

サービスライン付近の待球姿勢 / 低い

ネット前とサービスラインの中間地点の待球姿勢

ネット前の待球姿勢 / 高い

中級

前後左右の切り返しを速くする

Menu 022 ダブル前衛ネットプレー（5分間）上げボールver.

難易度	★★★★☆
時間	各コース5分

習得できる技能
▶ 基礎固め
▶ フットワーク
▶ ミスをなくす
▶ 攻撃力
▶ 戦術

やり方

1. 練習者2人はサービスラインよりやや前に立つ。逆側コートのサービスライン付近から球出し者が交互に上げボールをする。
2. 球出し者は、ロビングや鋭角をねらった厳しいシュート、ネット前にスライスを落とすなど、さまざまなボールをランダムに球出し。練習者はできるだけノーバウンドで処理し、アレーコートへ返球。これを5分間行う。

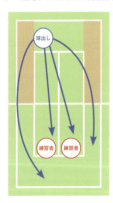

🖐 ワンポイントアドバイス

打球後、素早くポジションに戻ることを意識

どこにボールが飛んでくるかわからないため、相手のフォームやラケット面の向きで予想し、とっさの動きでもしっかり対応できるようにしよう。

また、常にポジションに戻ることを意識し、打球後は軸足とは逆側の足を前に出すことで、ポジションへの戻りを速くする。

◀ 打球後は軸足とは反対の右足を動かしてポジションに戻るようにする

❓ なぜ必要？

切り返しをスムーズに

ボレー後には相手のフォローがあることを想定しなければならない。そのためにも切り返しがスムーズに行えないと、次のボールへの準備ができない。

● 上体を立てて返球

Point!
ラケットは上に構え、ヒザを曲げ、上体を立てて返球

前のめり

▲前のめりになり、足が突っ立ってしまうと、さまざまなボールに対応できない

● 軸足にためをつくる

Point!
ネット際のボールに対しても、しっかり前に詰めて軸足にためをつくって叩く

軸足

● リズムよく返球

Point!
メリハリのある動きで、リズムよく返球

初級

ディフェンス強化のため、予測とポジションどりの進化をさせる

ねらい

難易度	★★★☆☆
時間	各コース5分

習得できる技能
- ▶ 基礎固め
- ▶ フットワーク
- ▶ ミスをなくす
- ▶ 攻撃力
- ▶ 戦術

Menu 023 ダブル前衛ネットプレー（5分間）実戦ver.

やり方

1. 1組ずつ4人がコートに入り（Aペア、Bペア）、サービスラインよりも少し前で構える。
2. 片側（B）コートのサービスセンターライン後方から、球出し者がAペアに対し、短めのボールを球出しする。
3. Aペアの片方がボレーで対応、Bペアと2対2でボレー＆ボレーを続ける。
4. 交代は球出しを含め5人で時計回りに替わっていく（下図矢印のように）。

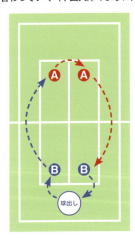

ワンポイントアドバイス

「小さな雁行陣」を意識したポジショニングを

ダブル前衛（ダブルフォワード）の陣形で戦う場合のポジションのとり方は、「小さな雁行陣」だとイメージしよう。だから、片方がボールに対応する場合は、もう一方はやや後ろにポジションどりし、カバーする。

さらに、13ページでも解説したが、「3コースのうち、2コースを守る」という考え方を実践し、OKのコート図のように常に2人は同じ方向に動かなければならない。このようにすると、もっとも攻守にバランスのよいポジションをとることができる。

なぜ必要？

相手の体勢を見て予測

ダブル前衛（ダブルフォワード）の場合、雁行陣以上に、相手の体勢を見て予測とポジションどりを行う習慣をつけなければ、次の動きに対応できない。

ポイント 常に足を動かし、ヒザでリズムをとる

- ヒザでリズムをとり、「バンバン」とボレー&ボレーを行う。1球ごとにポジションを移動。
- 返球されるまでの時間が短いため、相手のボレーの仕方を見て、返球コースを予測。自分もしくは自分のペアが返球後は、すぐに次の動きに対する準備を行うよう心がける。
- 常に足を動かし、しっかりとヒザを曲げる。突っ立ってしまうと急な動きに対応できない。

Point!
チャンスのときは迷わず前へ詰めて叩く。
もう一方の選手はカバーリングする

中級

連続ネットプレーで波状攻撃をする

ねらい

難易度	★★☆☆☆
時間	各コース5分

習得できる技能
▶ 基礎固め
▶ フットワーク
▶ ミスをなくす
▶ 攻撃力

Menu 024 空中戦の連続プレー

やり方

1. 練習者はサービスライン後ろに構える。
2. 球出し者はストレートに球出しし、練習者はローボレー、ボレー、スマッシュの順に連続して打つ。

＊逆クロス、クロス
両サイドで行う

❓ なぜ必要？

連続プレーの習慣をつける

実戦を想定し、自分がネットプレーしたあと、相手のフォローをイメージしながら連続でネットプレーを仕掛けていく習慣をつける。

❗ ポイント

身体の軸がブレてしまわないように

1つ1つのプレーをメリハリよく行う。前傾してしまったり、身体の軸がブレてしまうと動きが流れやすく、ミスを生じやすい。**待球姿勢では背筋を伸ばし、上体を起こす。**動きを止めるときにもピタッと止まれるよう意識しよう。

中級

相手の動きを予測し、攻撃の芽を摘む

ねらい

Menu 025 サービス&ボレーの切り返し

難易度	★★★☆☆
時間	15分

習得できる技能
- ▶ 基礎固め
- ▶ フットワーク
- ▶ ミスをなくす
- ▶ 攻撃力
- ▶ 戦術

やり方

1. サービス側の前衛がクロスでサービスを打つ。
2. レシーブ側の後衛がレシーブを打つ。
3. サーバー側の前衛が前へ詰めながらローボレー。
4. レシーブ側の前衛が相手のローボレーを切り返してゲーム形式へ。

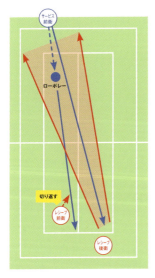

▲コート後方から前進する前衛がコート中間でローボレーをし、それを相手の前衛が切り返す練習。上のコート図では前衛サービスからのパターンだが、前衛レシーブから前進時のローボレー→サービス側の前衛の切り返しのパターンもある。

❓ なぜ必要？

常に相手のコースを予測

相手に簡単に決められないよう、ラリーを続けるためにも、常に相手のコースを予測する力を身につける

⚠ ポイント 相手前衛の切り返しも想定

サーバーの前衛は前進時、相手がレシーブを打つときにはいったん止まる。ローボレーしたあとに、相手前衛の切り返しがあることも想定。その場合、自分もさらに切り返すことも考えておく。

ワンポイントアドバイス

前衛は後衛のレシーブから予測してポジションどり

この練習で切り返しの予測をする際、後衛レシーブがカギになる。
- 後衛レシーブが低いボールならば……サーバーの前衛の前進時はローボレー対応に⇒
レシーブ側の前衛は甘いローボレーと判断し、上から叩くことをイメージ。

OK 低いレシーブ

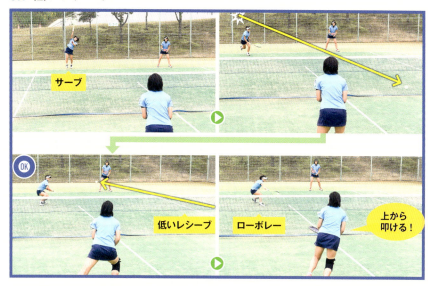

NG 高いレシーブは相手に叩かれる

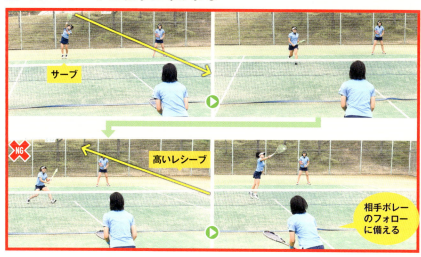

中級

ねらい 予測からスマッシュフォローができるようにする

Menu **026** スマッシュフォロー

難易度	★★★☆☆
時間	10分

習得できる技能
▶ 基礎固め
▶ フットワーク
▶ ミスをなくす
▶ 攻撃力

やり方

1. A、Bがストレートに入る。Aがスマッシュの上げボールをする。
2. Bがスマッシュを打ち、Aがフォローする。
3. 今度はBがスマッシュの上げボールをする。
4. Aがスマッシュを打ち、Bがフォローをする。これを交互に続ける。

❶ 上げボール
❷ スマッシュ
❸ フォロー

❓ なぜ必要？

ミスのないフォローの仕方を覚える

スマッシュを打たれても、コースを読んでフォローできれば、ラリーはつながる。そのためにも、コースを読んで、ミスのないフォローの仕方を覚えよう。

!ポイント

面は固定し、足元にラケットをセット

- グリップはイースタングリップに持ちかえる。
- フォローの面を固定し、足元にラケットをセットしてボールに面を合わせる。
- ラケットは振らず、面を残すイメージで。

ラケットはバックハンド側にヘッドを向け、身体よりも前にセット。両足は肩幅くらいに広げ、ヒザを曲げすぎない。身体全体をリラックスさせてフォローすることが重要

 ワンポイントアドバイス

バックでのフォローは、リーチが長くなる

バックハンドでフォローするほうが片手のリーチが長くなる。また、ラケット面を残しながらもボールをカットしていくことで、コースがねらいやすくなるはずだ。

中級

ねらい レシーブで崩し、前で勝負

Menu **027** セカンドレシーブから前へ

難易度	★★★☆☆
時間	15分

習得できる技能
- ▶ 基礎固め
- ▶ フットワーク
- ▶ ミスをなくす
- ▶ 攻撃力
- ▶ 戦術

セカンドレシーブ

前に詰める

やり方

1. 球出し者がセカンドサービスをする。
2. レシーバーはセカンドレシーブを打ったら、前に詰める。
3. 球出し者はチャンスボールを上げ、練習者が叩く。そこからゲーム形式を始める。

？ なぜ必要？

セカンドレシーブは攻撃のチャンス！

サーバーにとって、セカンドサービスをミスしたら1失点となる。そのため、確実にセカンドサービスを入れるために、あまり攻撃的なサービスは打てない。逆にいえば、セカンドレシーブでレシーバーは弱気になっていてはいけない。攻撃のチャンスをきっちりとものにしなければならない。そのためにも、セカンドレシーブを有効打にし、相手の甘い球を前に詰めて仕留める。

ポイント レシーブコースを考えて打とう

- 練習者は、相手が打つ前に一度止まってから叩く。
- 相手のサービスの入る場所により、自分のレシーブコースや球種を考え、攻めていこう（20ページ）。レシーブコースとしては……
  ❶ センター……相手のバックハンドをねらう。速いタイミングのライジングで、左肩のけん制を入れて打つ。
  ❷ ストレートロブ……初心者でも打ちやすい。相手後衛が回り込んで打つことも想定されるため、レシーブ側の前衛はストレートをあえて空けておいてボレーすることもできる。
  ❸ ショートクロス……クロスの鋭角に早いタイミングで打ち込む。相手の返球は山なりになりやすい。または、ショートクロスに切り返しがくる。
  ❹ ネット前にツイスト……1本で決まると思わず、相手の返球もしっかり想定して動こう。

▲セカンドレシーブをしっかりねらったコースへ打ち、前に詰めて叩く

ワンポイントアドバイス

後ろに下がるのはもったいない！

　後衛がセカンドレシーブから前にいく攻撃の練習。一般的に後衛はレシーブを打ったあとはベースラインへと下がりがち。しかし、私たちのチームではチームの特徴を象徴するポイント源でもあるので、果敢に前へ詰めていく。

　実戦では、レシーバーは自分のペアにもレシーブコースを伝えておくといいだろう。そうするとポジションの連携ができ、より攻撃の厚みが増す。

▲有効打となるセカンドレシーブを打っても、ベースラインに戻ってしまったら、せっかくのチャンスを逃すことになる

●Menu027のバリエーションメニュー1

前衛のセカンドレシーブから後衛が前に出る
【逆クロスレシーブから】

> やり方

1. 逆クロスでサーバーの後衛がセカンドサービスを打つ。
2. レシーバーの前衛が逆クロスへ深いレシーブ❶を打つ。
レシーブ側の後衛は後ろに下がらず前に出る。
3. サーバーの後衛がセンターへ返球❷。
4. レシーブ側の後衛は甘い返球をボレー。

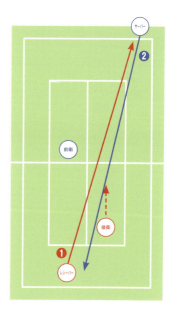

●Menu027のバリエーションメニュー2

前衛のセカンドレシーブから後衛が前に出る
【ストレートレシーブから】

やり方

1. 逆クロスでサーバーの後衛がセカンドサービスを打つ。
2. レシーバーの前衛がストレートへレシーブ❶を打つ。レシーブ側の後衛は下がらず前に出る。サーバーの後衛はクロスへ走る。
3. サーバーの後衛はセンターへ甘い返球❷を上げる。
4. レシーブ側の後衛が甘い返球を叩く。

! ポイント

前衛の好レシーブからの連携プレー

レシーバーの前衛が、逆クロスへの深いレシーブやストレートへの相手を走らせる好レシーブを打つことで、相手陣形を崩す。すかさず甘い返球をレシーブ側の後衛は前に出て叩く。

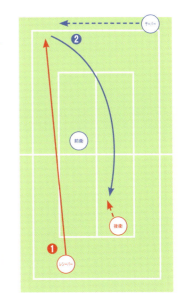

中級

カットサービスで崩し、前で勝負

ねらい

難易度 ★★★★☆
時間 15分

習得できる技能
▶ 基礎固め
▶ フットワーク
▶ ミスをなくす
▶ 攻撃力
▶ 戦術
▶ 発想力（遊び心）

Menu 028 カットサービスから前へ

やり方

1. クロスサイドでサーバーがカットサービスを打つ。打球後は前に詰める。
2. レシーバーがレシーブをする。
3. サーバーの後衛がボレーをする。

カットサービス

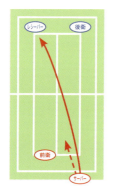

❓ なぜ必要？

カットサービスで陣形を崩し、ノーバウンドで叩く

カットサービスで陣形を崩し、甘いレシーブをノーバウンドで叩く得点パターンをマスターする。

❗ ポイント

サービスの入った位置により、レシーブコースを予測

- サービスの場所により、レシーブのコースが予測できる。
- サーバーはカットサービス後、素早く前に詰める。ただし、レシーバーが打つとき、一度、止まるクセをつけよう。前に詰めすぎると叩けなくなる。

! Menu028のポイント
「空けてとる」

　カットサービスをクロスに短く打ち、あえてクロス鋭角を空けてネットに詰めることで、レシーバーにクロス鋭角に「打たせて叩く」＝「空けてとる」という戦術もある。

　このように、サービスの場所によりレシーブコースや球種もある程度判断できるので、余裕が出てきたら、「打たせて叩く」戦術もどんどんチャレンジしていこう。

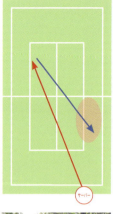

「空けてとる」

クロス鋭角を空けて
ネット前に詰める

●Menu028のバリエーション

乱打中でも、相手の体勢が崩れたら前へ

ここまでレシーブから、サービスから、前へ詰める練習を紹介してきた。同様に、乱打中でも瞬時に前に行く判断力をつけることができる。ぜひ、日頃から「前へ詰める」意識をして、練習で実践していこう。

やり方

1. 乱打を行う。
2. 相手の体勢が崩れたら、前へ詰めてノーバウンドで打つ。

⚠ ポイント

後ろ重心、ラケットヘッドが下がったときは前へ

相手が後ろ重心になったり、ラケットヘッドが下がったら、甘い返球になる。ラリー中でも相手の状況を見て、瞬間の判断で迷わず前へ詰める。

レシーバーにクロス鋭角に打たせて動く

叩く

中級

ねらい 空中戦強化

Menu **029** ボレー4本

難易度 ★★★★☆
時間 15分

習得できる技能
▶ 基礎固め
▶ フットワーク
▶ ミスをなくす
▶ 攻撃力
▶ 戦術

ハイバックボレー
ハイボレー
バックボレー
クロスボレー

やり方

1. 練習者は逆クロスのポジションに入る。クロスのポジションにいる球出し者はストレートにやや低めの山なりのボールを上げる。練習者はバックのハイボレーで対応する。
2. 球出し者はセンターへゆるく短く、甘いボールを上げる。練習者はハイボレーで叩く。
3. 球出し者はストレートにシュートボールを上げボール。練習者はバックボレーをする。
4. 球出し者はクロスへシュートボールを上げる。練習者はクロスボレーを行う。
5. 1人4本連続交代で回っていく。

なぜ必要？
フォローを想定して動く
ボレーをフォローされたことを想定して、連続プレーをスムーズに行う力を養う。

ポイント
打球後は左手でラケットを持つ
- 後ろへ下がりながらのバックのハイボレー⇒前へ詰めてのハイボレー⇒前へ詰めてのバックボレー⇒後ろに下がりながらのハイボレーの順で行われる練習で、前後左右に動くため、しっかり足の切り返しを使っていく。
- 次の動きを素早く行うために、打球後は常に左手でラケットを持つ。
- 後ろから前へ詰めるときには、ガーッと一気に動く。

ハイバックボレー

前に詰めてハイボレー

バックボレー

下がりながらハイボレー

▲バックのハイボレー後、左足で踏ん張り、身体の向きを正面に戻し、ポジショニング。前へ詰めてハイボレー後は右足の切り返しで進行方向を変えてポジショニング。ストレートのバックボレー後は左足の切り返しを使ってポジションに戻る。1プレーごとに次の動きを素早く行うため、ラケットを左手で持って切り返しをしっかり行い、ポジションに戻っている。

中級

レシーブ後の前進からの
ネットプレー強化

ねらい

Menu **030** ネットプレー連続4本

難易度 ★★★☆☆
時間 15分

習得できる技能
▶ 基礎固め
▶ フットワーク
▶ ミスをなくす
▶ 攻撃力

やり方

1. 逆クロスで球出し者がサービスを打つ。
2. 練習者はレシーブ後、ネットに向け、前進する。
3. 練習者はセンターに返球されたボールをローボレーで返し、前に詰める。
4. 練習者はネットについて、バックボレーをする。
5. 練習者はロビングをスマッシュする。

？ なぜ必要？

**ねらわれやすい
前進時の失点を防ぐ**

前衛の前進時はミスを誘われやすいため、失点を防ぐためにも弱点をなくす。

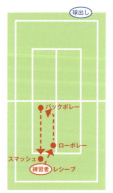

！ ポイント　素早いポジションどりをする

- 前進時のネットプレーでミスをしないためにも、打ったあとのポジションどりを素早く行う。
- レシーブ側の右利きの後衛ならばバックハンドになるため、前衛レシーブ後の相手返球はセンターをねらわれやすい。だからこそ、センターのボールを通させないよう、ローボレーをしっかり返す。

センター寄りに思いきって前進

コート図には、レシーブ後の前進コースが描かれている。サーバーである相手後衛はレシーブのリターンをセンターへ返す傾向があるため、センターをしっかりと守る意識を持たなければいけない。そのためには、×のように、サイド際を前進しては、センターが空きすぎてしまう。〇のように、レシーブ後はグッと思いきってセンター寄りのコースを前進していこう。

センター寄りへ前進

サイド際を前進

中級

ねらい ラリーの中で相手を見てプレーする力をつける

Menu **031** 3対2

難易度 ★★★☆☆
時間 15分

習得できる技能
▶ 基礎固め
▶ フットワーク
▶ ミスをなくす
▶ 攻撃力

やり方

1. それぞれ3人、2人に分かれてコートに入る。
2. 3人のほうはベースライン付近に（クロス、センター、逆クロス）にポジションをとり、ストロークでラリーをする。2人のほうはサービスライン付近にポジションをとり、ネットプレーで対抗。
3. ラリーを続けながらそれぞれポイントを奪っていく。

❓ なぜ必要？

瞬時に相手を見る習慣を

長いラリーが続いても、瞬時に相手や相手コートの状況を見て配球する力をつけるため。

❗ ポイント

●2人のほう
チャンスには前に詰め、角度をつける

- ボールが飛んできたら、同じ方向に反応するようにする（右図参照）。
- できるだけ深く返球する。
- 甘いチャンスボールが飛んできたら、前に詰め、角度をつけて決める。

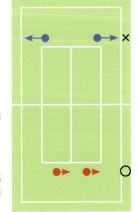

●3人のほう
相手を惑わす

けん制を入れて、シュートを打つフォームを見せてロビングを上げるなど惑わすことで相手を崩していく。

Point!
左肩が内側に入り、けん制のかたちをとる

ワンポイントアドバイス

角度をつけたいときは、顔を残す

この練習で2人のほうがポイントを奪うためには、角度をつけたボレーやスマッシュが必要。たとえば、角度をつけたボレーを打ちたい場合は、ネット近くに詰めて、ラケット面で角度をつけ、さらにインパクト後にもラケット面や顔を打ちたい方向に残すことで、角度のついた勢いのあるボレーが打てるはずだ。

Point!
インパクト後もしっかりと面と顔が打ちたいコースへ残っている

中級

左右のフットワークを鍛える

Menu 032　ストロークのフットワーク強化

難易度 ★★★☆☆
時間 10分

習得できる技能
▶ 基礎固め
▶ フットワーク
▶ ミスをなくす

やり方

1. センターに2人の練習者が入る。
2. 球出し者はクロスへ上げボールをする。コート内側の練習者Ⓑが返球するが、練習者Ⓐも同じ方向に動き、スイングも行う。
3. 連続して球出し者は今度はストレートに上げボールをする。練習者Ⓐ、Ⓑは逆クロスへ移動し、今度は練習者Ⓐが打つ。
4. クロス、逆クロスの連続打ちを繰り返す。

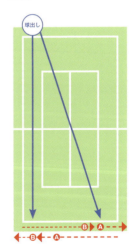

? なぜ必要?

移動を加速させるため

打球後、足の蹴り出しにより、左右の移動を加速させるため。

2人で行うため、片方の動きが遅いと、もう1人に追いつかれてしまい、練習にならない

!ポイント

足の蹴りにより、次の動きを加速させる

打球後にフォアの場合は右足、バックの場合は左足の蹴りにより、逆方向への移動を素早く行える。地面を蹴らずにお尻が残ると、蹴り出す足が横に出ていかないので注意。

◀打球後にお尻が残る（重心が後ろに残る）と蹴り出せず、次の動きに素早く切りかえられない

フォアの場合、打球後の右足の蹴りがバック方向への素早い移動を生む

column 空中戦を制す

　どんぐり北広島では、空中戦の練習といえば、「より高く、より前で」をモットーに鍛えてきました。慌てて低い打点からヒッティングストロークをしては、失敗してしまいます。ここで大事なのは、いかなるボールに対しても臨機応変に対応できる総合力。オールラウンドプレーヤーとしてのテニスなのです。

　女子の練習では、ノーバウンドで処理するネットプレーの4本打ちを行っています。その4本目の腰のラインでのヒッティングストロークを完成させれば、空中戦は怖いものなしです。さらに、バックハンドでそれができるようになれば、「鬼に金棒」。しかもメリットとして、自然に早い構え、待球姿勢、軸足のためができ上がるのです。

　スマッシュの上手な人は、「必ず日本一がとれる」。さらに、サービスの上手な人は、「必ず日本一がとれる」。これは真実です。だから、スマッシュ練習に時間をかけます。早く自分の武器、どの技術が人より抜きん出ているのかを発見し、その武器を磨きましょう。武器のない人に勝利はありえませんから。

　ファーストサービスであろうとカットサービスであろうと、サービス後は「前に」出る。ラリー中であろうとなかろうと、相手が十分な体勢でなければ「前に」出る。できるだけ前に出て、ノーバウンドで返球することで、相手に時間を与えず、自分たちの有利にラリーを進めることができます。こうして、私は強いチームをつくってきたのです。

第3章
フォーメーションを自在に駆使

カットサービスやレシーブから相手陣形を崩し、
チャンスには前に出てノーバウンドで叩く。
これがどんぐり北広島の持ち味のフォーメーション。
ノーバウンドで相手コートに返球することで、
相手に時間を与えず、非常に効果的な攻撃方法となる。

基本の陣形について

昨今、徐々にシングルスも浸透してきているが、それでも、ソフトテニスはダブルスが基本の競技。だから、選手間の共通理解や基本理論をお互いがしっかりと消化しなければ上達していくことはできない。そのため陣形やフォーメーションを駆使していくことが重要となる。3章でフォーメーションについて解説していくわけだが、その前に陣形の特徴と、私の考える数値ポイントを紹介していこう。

❶雁行陣（逆雁行陣）

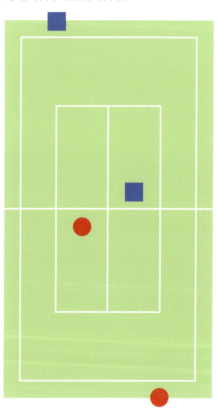

▲もっともオーソドックスな陣形。前衛と後衛の役割がはっきりと分担され、前衛の＜攻撃力9・守備力1＞、後衛の＜攻撃力1・守備力9＞であり、前衛＋後衛の総合力は＜攻撃力10・守備力10＞とバランスがとれ、もっとも多くのプレーヤーが活用する陣形である。逆雁行陣は、雁行陣と同じ陣形だが、通常前衛と呼ばれる選手が後ろ、後衛が前でプレーする場合をいう。

❷攻撃型並行陣

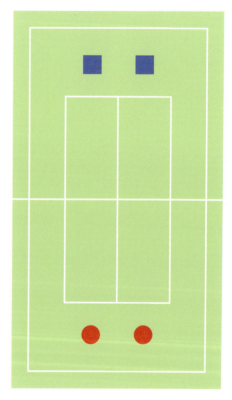

▲攻撃型並行陣は、前衛がサービスラインまで下がるため＜攻撃力7・守備力3＞となる。また、後衛はサービスライン後ろまで前に出るため、＜攻撃力5・守備力5＞となり、前衛＋後衛の総合力は＜攻撃力12・守備力8＞に。つまり、攻撃型並行陣は雁行陣より、さらに攻撃的な陣形といえる。ただし、当然、守備力は落ちることになる。

4種類の陣形を臨機応変に使う

　私の考えた戦略では、この見開きページで紹介している数値などを理解したうえで、さらに逆雁行陣を加えた4種類の陣形を臨機応変に使用する。攻めと守りのメリハリを意識しながら、それぞれの陣形のよさを取り入れていく。私が理想とするのは＜攻撃力12・守備力8＞の力を基本としたペアづくり。

　たとえば、これまでの指導経験の中で、攻撃力が「2」しかない守備型並行陣を攻撃型の並行陣に鍛え、＜攻撃力12・守備力8＞の力が発揮できるペアにつくり上げたことがある。そして、最終的には＜攻撃力15・守備力5＞を目標としたのだ。

❸守備型並行陣

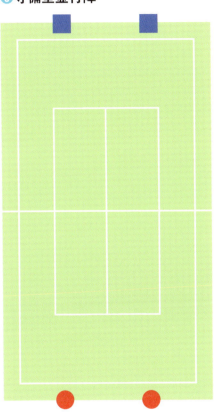

▲守備型並行陣は、ペア2人ともがベースライン付近まで下がって応戦していくため、ペアとしての総合力は＜攻撃力2・守備力18＞となってしまう。

炸裂！中本監督節
「裕ちゃんフォーメーション」

斬新な発想

　私の真骨頂といえるのが、この「裕ちゃんフォーメーション」です。これまでのソフトテニス界の通例にはなかった、斬新な発想のもとに取り入れたフォーメーションです。

　当初、雁行陣が主流のソフトテニス界で、奇策と揶揄されたこともありました。しかし、これらの新しいフォーメーションを取り入れるためには、オールラウンドなプレーが必要であり、その技術を磨いていった選手たちはシングルスでも日本一となり、そして、〝前へ〟をモットーにくじけず前へ出続けた選手たちは、ダブルスでは世界一にも輝きました。私たちどんぐり北広島が、他に先んじて取り組んだ結果です。

　今や「勝つためには」、オールラウンドなプレーが必須であり、場面に応じて、この裕ちゃんフォーメーションのような陣形を取り入れられるペアが世界を制するといっても過言ではありません。ぜひ、みなさんも積極的に取り入れてみてください。

　それでは次のページから裕ちゃんフォーメーションの事例をクローズアップしていきます！

初級

ねらい 一番弱点の左ストレート展開でもポイントできる

難易度 ★★★
時間 15分

習得できる技能
▶ 基礎固め
▶ フットワーク
▶ ミスをなくす
▶ 攻撃力
▶ 戦術

Menu 033 どん北パターン①

やり方

1. 左ストレート展開からAが相手後衛Cのバック側へ中ロブ❸を打つ。
2. クロスから逆クロスへ走ってきたCがバックのロビング❹で相手後衛前に返球。
3. 前衛Bがスマッシュ❺を追う。

❓なぜ必要？

相手を走らせ、バックを攻める

引っ張りのボールが打てず、流しのボール主体で配球しなければならない左ストレート展開でもポイントを奪うパターンを習得しておきたい。相手を振った上、バックでの返球にさせるため、甘い返球が返ってきやすい。

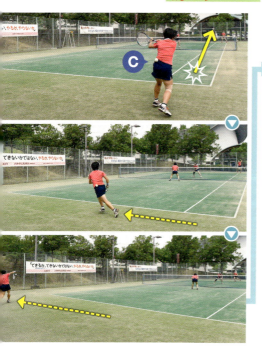
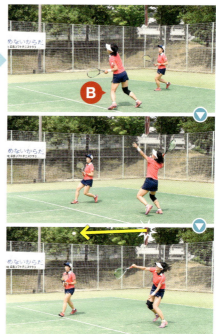

▲展開パターン
左ストレート展開から逆クロスへロビングを打って仕掛ける。相手後衛の甘い返球を前衛がスマッシュ

⚠️ ポイント シュートを打つフォームで中ロブを打つ

- 逆クロスに中ロブで相手後衛を振る際、相手に中ロブを打つことを悟られないように、**後衛はシュートを打つフォームで中ロブを打とう**。
- 中ロブで振った側の前衛は、逆クロスに振った時点ですぐにセンターラインをまたぐ、スマッシュを待つ体勢をとる。
- スマッシュをフォローされてもすぐに切り返せるよう、中ロブで振った後衛は中ロブを打ったあとは前に出て甘い球がきたら叩く。

● 前衛ポジション

高い確率で相手後衛は自分の後衛前に深く返してくるはず。そのバックでのしのぎの球をねらう。一方、まだ未熟な前衛の場合は中ロブとともに、逆クロスのポジションに入るだけで終わってしまう。

▼自分の後衛が左ストレートから逆クロスへ中ロブで仕掛けたら、前衛は逆クロスのポジションに動くだけでなく、相手の甘い返球を叩く意識を持とう

●中ロブ

中ロブを打った後衛は、打球後はセンターへ移動し、自分の前衛が打ったスマッシュをフォローされたときのために前に出る。

ワンポイントアドバイス

中ロブが甘かったら…
逆クロス展開に

左ストレート展開から中ロブで相手を逆クロスへ走らせたものの、中ロブが甘くなって回り込まれたら、すかさず逆クロス展開に切り替え、ラリーを続けていこう。

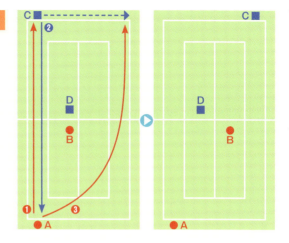

● スマッシュ

左ストレートから自分の後衛が逆クロスに中ロブで振ったら、前衛は素早くセンターマークをまたぎ、一度、逆クロスのポジションに入る。そこからスマッシュを追う。

中級

一番弱点の左ストレート展開でもポイントできる

ねらい

難易度	★★★
時間	15分

習得できる技能
- ▶ 基礎固め
- ▶ フットワーク
- ▶ ミスをなくす
- ▶ 攻撃力
- ▶ 戦術

Menu 034 どん北パターン②

やり方

1. 左ストレート展開からAが相手後衛Cのバック側へ中ロブ❸を打つ。
2. クロスから逆クロスへ走ってきたCがバックのロビング❹で相手後衛前に返球。
3. Aがコート後方から前に出てスマッシュ❺を叩く。

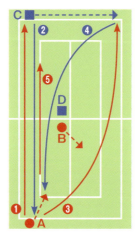

? なぜ必要?

中ロブで振った後衛自らが叩き、打撃を与える

Menu33のレベルアップ版。左ストレートから中ロブで振って、相手にバックハンドで返球させてチャンスをつくる。中ロブが有効打になり、仕掛けた後衛自らが前に出てスマッシュで叩くことができ、相手には大きな打撃となるはずだ。

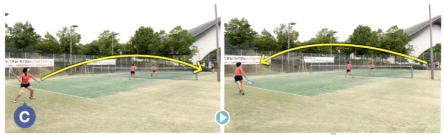

▲展開パターン：左ストレート展開から逆クロスへロビング。
相手後衛がようやく返してきた甘い球を、仕掛けた後衛自らが前に出てスマッシュ

> **！ポイント** 自分の中ロブの出来がよければ迷わず前へ出てスマッシュ

- Menu33同様、中ロブで相手後衛を振る際、相手に中ロブを打つことを悟られないように、後衛はシュートを打つ同じフォームで打っていく。
- 中ロブで振った後衛は、自分で打った中ロブの出来にもよるが、前に詰め、ノーバウンドで相手の返球をスマッシュする。
- スマッシュをフォローされてもすぐに切り返せるよう、後衛はスマッシュを打ったあとは前に出て甘い球がきたら再度スマッシュを打つ。

● 後ろから前へのスマッシュ

スピードがある中ロブが深く、コーナー付近に打てたなら、走らされてバックで返球する相手からは甘い返球が返ってくる。中ロブで仕掛けた後衛は中ロブ打球後は前に詰め、スマッシュを叩く。日頃から後ろから前へのスマッシュは練習しておこう。

中級

後衛のポイント源を増やす
（ねらい）

難易度	★★★☆☆
時間	15分

習得できる技能
- ▶ 基礎固め
- ▶ フットワーク
- ▶ ミスをなくす
- ▶ 攻撃力
- ▶ 戦術

Menu 035 どん北パターン③

やり方

1. 右ストレート展開からAがクロスへ中ロブ❸を打つ。
2. Cがクロスへ走り、ロビングでしのぐ。
3. 中ロブで振ったAが前に詰めて、甘い返球をスマッシュする。

？ なぜ必要?

クロス中ロブから前へ詰めてのスマッシュ

後衛が自分で仕掛けて叩くポイントパターンを持ちたいとき、この攻撃は効果的だ。自分自身が中ロブでクロスへ振り、後ろから前へ詰めてスマッシュを打つ。この技術をマスターしよう。

▲展開パターン：右ストレートラリー→後衛がクロスへ中ロブ→後衛が前に詰めてスマッシュ

> **ポイント** 後衛は前へ、前衛はポジションを移動し、やや後ろに下がる

クロスへの中ロブで相手を振った場合、中ロブが厳しく打てれば振った側の後衛は前に詰めてノーバウンドで叩く。ペアの前衛もクロスのポジションからやや後ろ気味に構え、スマッシュチャンスを待つ。

▲展開パターン：右ストレート展開から相手後衛をクロスへ中ロブで走らせる。
甘い返球は仕掛けた後衛自ら前に詰めてスマッシュ。

ワンポイントアドバイス

前衛の下がり方の判断基準

　自分の後衛が相手後衛を中ロブでクロスへ振った場合、前衛はすかさずクロスのポジションへ移動する。そこで重要なのが、相手後衛の走り方（ボールへの入り方）によって、ポジションの下がり方も決まってくるということ。ここでは、3つの場合について解説していこう（コート図参照）。

　まず、自分の後衛の中ロブが甘く、やや短く緩く入ってしまった場合は、相手後衛は前に出ながらクロスに走ってくる。そういう場合はシュートでストレートに打ってきがち。だから、ストレートパスを警戒し、ネットについて対応したほうがよいだろう。

　2つ目は中ロブが深く、相手後衛が斜め後ろに走っていく場合はロビングで返球してくる。その場合は、下がってスマッシュをねらう。

　3つ目は相手後衛がネットに対して平行に走ってくる場合は、クロスやストレートパス、ロビングも打ってこられる。このときは、いずれの場合にも対応できるポジショニングを心がけよう。

●展開パターン
相手後衛が前に詰めて走ってきた場合⇒
前衛はストレートパスを警戒

- ●展開パターン

相手後衛が
斜め後ろに走った場合⇒
前衛はロビングをねらう

- ●展開パターン

相手後衛がネットに対して
平行に走ってきた場合⇒
クロス、ストレートパス、ロビング
いずれにも対応できるような
ポジショニング

中級

後衛のポイント源を増やす
(ねらい)

Menu 036 どん北パターン④

難易度 ★★★☆☆
時間 15分

習得できる技能
▶ 基礎固め
▶ フットワーク
▶ ミスをなくす
▶ 攻撃力
▶ 戦術

やり方

1. 仕掛ける側がダブル後衛のフォーメーションをとっているときに、効果的なパターン。逆クロス展開でBとCがラリーをしている。
2. ダブル後衛側のBがストレートへ中ロブ❸を打つ。B、Aともに前に詰める。
3. Cはクロスへ走りロビング❹でしのぐ。
4. 甘いロビングの返球をB（またはA）がスマッシュする❺。

▲展開パターン
逆クロス展開からダブル後衛側が相手後衛を走らせ陣形をくずす

❓ なぜ必要？

ダブル後衛の陣形から前へ出て叩くパターンも覚えよう

最近の試合では、ゲーム中にダブル後衛、ダブル前衛のフォーメーションをとる場面は多々ある。瞬時にフォーメーションを変化させる力が必要とされる。その中で、ダブル後衛でベースライン上に2人が下がっているときに、その状態から攻撃に転じるパターンが必要不可欠だ。このパターンのように、中ロブで相手後衛を振って、甘い返球に対し、後ろから前に出て叩く技術もマスターしなければならない。

ポイント スマッシュをフォローされても、次もねらう

- ほかの攻撃パターン同様、中ロブで相手を振りたいときには「中ロブ」を打つことを悟られてはいけない。シュートボールを打つときと同じフォームから中ロブも打ち分けられるようにしよう。
- 後ろから前に出てスマッシュを打ったあと、フォローされることも想定して、また次に決められるよう意識して動く。
- ベースライン上にいた2人が同時に前につくため、相手ペアには大きなプレッシャーがかかる。優位な状況にあるだけに、躊躇せず、思いきって前に詰めてスマッシュを叩こう。

▲相手後衛を中ロブで走らせる。甘い返球は仕掛けた後衛自ら前に詰めてスマッシュ

ワンポイントアドバイス

クロスから右ストレートのパターン

　前ページでは、逆クロスから左ストレートへ中ロブで仕掛けるパターンを説明した。ここでは、逆サイド、クロス展開から右ストレートへ中ロブを打ち、相手後衛を走らせて甘い返球をスマッシュするパターンも紹介しよう。

　今度はAの選手が後ろから前へのスマッシュを叩く確率が高い。このことからも、だれもが後ろから前へのスマッシュが打てることが重要だとわかるかと思う。ぜひ、みなさんも日頃の練習から後ろから前へのスマッシュの練習をしていこう。

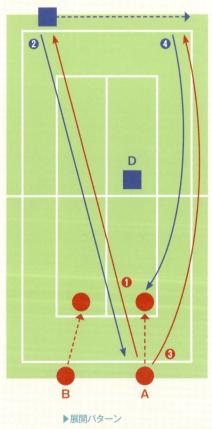

▶展開パターン
クロス展開から右ストレートへ中ロブ。相手後衛を走らせる。すかさず前に詰め、甘い球を叩く

中級

相手を惑わしコースを絞る

Menu 037 　裕ちゃんフォーメーション ＜オーバーヘッドサービス編①＞

難易度	★★★★
時 間	15分

習得できる技能
- 基礎固め
- フットワーク
- ミスをなくす
- 攻撃力
- 戦術
- 発想力（遊び心）

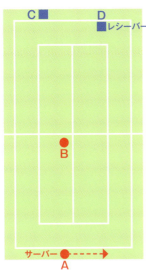

やり方

1. 逆クロスのサービス時、オーバーヘッドサービスでサービスをする A はセンター寄りの位置からサービス。また、サービス側の前衛は右ストレートを空けて、センターよりも左ストレート寄りに立つ（左上のコート図参照）。
2. レシーバー D がレシーブしてきたら、サーバー A はクロスへ走る。ストレートにレシーブがきたらサーバー A が走って返球。逆に、逆クロスへ飛んできた球は前衛 B がおさえる。

❓ なぜ必要？

後衛がバックストロークが苦手な場合に◎

　この攻撃パターンは、ペアの後衛がバックストロークが苦手なときに、弱点であるバックハンドをなるべく打たず、フォアハンドで対応できるメリットがある。つまり自分のペアの弱点を攻められないようなポジション、フォーメーションをつくる。
　通常の逆クロスのサービス時のポジショニングと異なるため、レシーバーペアは翻弄され、レシーブを打つコースもストレートに限られる（逆クロスはネット前にいる前衛にとられるため）。

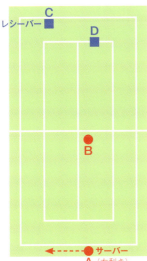

展開パターン（右利き）
逆クロスでサービス→レシーブ→
サービス側後衛：クロスへ走る、サービス側前衛：逆クロスを守る

左利きのサーバーの場合は、クロスのサービスのときに有効なフォーメーションとなる

⚠ Menu037のポイント　あえてコースを空けて、打たせる

- サービス側ペアにすれば、あえてコースを空けて相手に打たせるため、レシーブコースを絞りやすく、自分たちの攻撃パターンに持ち込みやすい。
- レシーバーが打つフォームを見て、タイミングを合わせてサーバー側の後衛、前衛は動く。

右利きのサーバーの場合

Point!
この攻撃パターンは
逆クロスでの
サービス時に使える

左利きのサーバーの場合　まとめ

Point!
この攻撃パターンは
クロスでの
サービス時に使える

👆 ワンポイントアドバイス

クロスへ厳しく打って有効打に

　ここではサーバーの後衛がセンター寄りに立ち、サービス側の前衛が右サイドを空けたポジションに立つフォーメーションを紹介。では、レシーバーを惑わせ、レシーブコースを限定させたあとはどうしたらよいだろう。

　逆クロスにいるレシーバーにストレートへレシーブを打たれたら、サーバーの後衛はクロスへ移動し、フォアハンドで厳しくクロスへ絞った球を返球すると有効打となる。

　一方、逆クロスにレシーブを打たれたら、サービス側の前衛がきっちりポーチボレーで仕留めよう。

レシーバーにストレートレシーブを打たれたら、すかさずクロスへ厳しく返す

中級

相手を惑わしコースを絞る

Menu 038 裕ちゃんフォーメーション＜オーバーヘッドサービス編②＞

難易度 ★★★★
時間 15分

習得できる技能
▶ 基礎固め
▶ フットワーク
▶ ミスをなくす
▶ 攻撃力
▶ 戦術
▶ 発想力（遊び心）

やり方

1. 逆クロスのサービス時、オーバーヘッドサービスでサービスをする A はセンター寄りの位置からサービス。また、サービス側の前衛は右ストレートを空けて、センターをまたいだ位置に立つ（コート図参照）。
2. レシーバー D が逆クロスにレシーブする。サービス側の前衛 B が逆クロスのポーチボレーに出る。サーバー A は右ストレートへ走る。

❓ なぜ必要？

相手のレシーブコースを限定し、攻撃しやすくする

Menu37 同様に、通常のポジションとは異なる場所で構えるため、レシーブペアを惑わすことができる。また、サービス側が逆クロスを空けたポジションのため、レシーバーは逆クロスに打つ可能性が高く、レシーブのコースを読みやすい。

▲展開パターン：逆クロスのサービス時、レシーバーに逆クロスを広く見せる。サービス後、サーバーの後衛はクロスへ走り、前衛は逆クロスへポーチに出る

ポイント 逆クロスを広く見せて、レシーブを打たせる

この攻撃パターンはサービス側の前衛がセンターをまたいだポジションをとり、サーバーの後衛はMenu37同様にセンター寄りの場所からサービスを打ち、相手がレシーブを打つ直前に右ストレートに移動。この攻撃パターンの最大の特徴はレシーバーに逆クロスを広く見せ、そこにレシーブを打たせることだ。

ワンポイントアドバイス

逆クロスのポーチを布石に、ストレートのポーチへ

ここで紹介したように、逆クロスを広く見せることで逆クロスにレシーブを打たせ、それをサーバー側の前衛が逆クロスのポーチボレーで決めることができたら、次の攻撃はストレートのポーチボレーへと発展させることができる。

レシーブ側は逆クロスのポーチを決められたため、次は逆クロスを警戒する。そうなると、サービス側に同じフォーメーションをとられるとレシーバーの心理とすれば、あとはストレートに打つしかなくなってくる。

そこで、ストレートレシーブを打たせてとるわけだ。前衛が右ストレートのポーチにいく、またはストレートにロブレシーブを打たれそうならば、サーバーの後衛が前に詰めて叩くこともできるだろう。

1つの攻撃が、次の攻撃の布石になる。

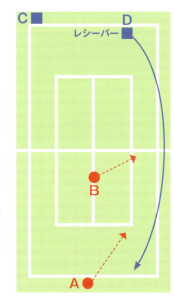

中級

相手を惑わしコースを絞る
ねらい

Menu 039 裕ちゃんフォーメーション＜オーバーヘッドサービス編③＞

難易度 ★★★★
時間 15分

習得できる技能
- ▶ 基礎固め
- ▶ フットワーク
- ▶ ミスをなくす
- ▶ 攻撃力
- ▶ 戦術
- ▶ 発想力（遊び心）

やり方

1. 逆クロスのサービス時、オーバーヘッドサービスでサービスをするAはセンター寄りの位置からサービス。サービス側の前衛は逆クロスのポジションに立つ（コート図参照）。
2. レシーバーDが逆クロスにレシーブする。サービス側の前衛Bが逆クロスのポーチボレーに出る。サーバーAは右ストレートへ走る。

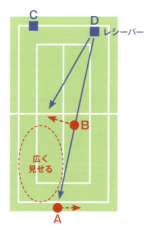

？ なぜ必要？

布石を生かして前衛がポーチボレーの勝負に出る

オーバーヘッドサービス編の裕ちゃんフォーメーション①②を布石とし、相手レシーバーを「次は逆クロスまたはセンターへのレシーブしか打てない」状況に追い込む。そこを前衛がポーチボレーで勝負に出る攻撃をする。布石を生かした攻撃を組み立てる力をつける。

① 逆クロスのサービス時、レシーバーに逆クロスのスペースを広く見せる

② サービス後、サーバーの後衛はクロスへ走り、前衛は逆クロスにポーチに出る

③

⚠ポイント　100パーセント勝負の気持ちでポーチボレーを追う

- 105ページ、108ページで紹介したフォーメーション①②同様に、空いた広いところにレシーブを打たせる。特に、**サーバー側の前衛がよりストレート寄りのポジションのため、逆クロスへ打たざるを得なくなってくる（ストレートに打てない状況に追い込む）**。ここでも、「あえて空けて打たせてとる」戦法が生きてくる。サーバー側の前衛は最後のポーチボレーは100パーセント勝負にいく気持ちでとりに行こう。
- このパターン以外でも前衛が100パーセント勝負のポーチボレーに出る際、ペアの後衛は反対側のスペースを守るために走ることを心がける。

炸裂！　中本監督節「ポーチボレー」
抜かれてもいいわけない！

よくポーチボレーに出る前衛に「抜かれてもいいから出ろ」という指導者も多いです。先を越されても後衛がいるから、思いきって勝負に出ろというメッセージなのですが、私たちのチームでは、ポーチボレーに出たのに、そのラケットの先を通されてしまったら、「先を通された前衛が悪い」と言います。「抜かれてもいい」と言ってしまうと前衛は甘えてしまうからです。

前衛、後衛ともに、自分の役割に徹する——「必ず、前衛はポーチボレーを決めてくれる。だから、反対側のスペースは自分が守る」。後衛がそう思えるからこそ、前衛がポーチボレーに出た反対側に後衛が走れるのです。

中級

ねらい
相手を惑わし
コースを絞る

Menu **040** 裕ちゃんフォーメーション
＜カットサービス編①＞

難易度	★★★★
時間	15分

習得できる技能
▶ 基礎固め
▶ フットワーク
▶ ミスをなくす
▶ 攻撃力
▶ 戦術
▶ 発想力（遊び心）

やり方

1. クロスのサービス時、カットサービスをするAはセンター寄りの位置からサービス。サービス後は前に詰める。また、サービス側の前衛Bはサービスラインより少し前に構える（コート図参照）。

2. レシーバーCは以下のように6コースのうちいずれかのコースにレシーブを打つ。そのレシーブを、サービス側のA、Bは2人でカバーし合い、返球する。その後はゲーム形式を行う。

▼展開パターン：クロスでサービス→レシーブ→
サービス側2人は前に詰めて対応する

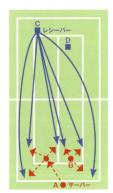

❓ なぜ必要？

自分の守備範囲を理解し、予測力をつける

カットサービスの攻撃で、サービス後にサーバーも前に出て、甘いレシーブを叩く。2人で前についた際のそれぞれの守備範囲を理解するとともに、レシーバーのフォームからどのような球種の球がどのコースに飛んでくるのか、予測する力をつける。

> **! ポイント**
>
> ## 3分の2のスペースを守る意識
>
> - サービス側の後衛、前衛ともに、おもにセンター、クロス（逆クロス）、ロビングの3コースを警戒する（コート図参照）。すべてカバーすることはできないため、2人で3分の2のスペースを守る意識を常に持とう。
> - レシーバーの球種やコースを判断する際、レシーバーがけん制を入れる場合もあるが、一番見るべき点はラケット面だ。

● **クロスの場合**

▲レシーバーのラケットがスライス面ならストレート、センターなど流しのコースにくる

> レシーバーはサービスの球質、コースなどによって、レシーブの打ち方を変える

▲レシーバーのラケットがドライブ面ならクロス、センター、ロビングなど引っ張りのコースにくる

ワンポイントアドバイス

サービス側の2人は
バランスよくポジショニング

● **逆クロスの場合**

ここまでクロスの後衛レシーブの場合を見てきたが、逆クロスの前衛レシーブの場合も説明しておこう。

スライス面…逆クロス、センター、ロビングなど
⇒流しのコースへ
ドライブ面…ストレート、センターなど
⇒引っ張りのコースへ

▼展開パターン

写真はクロスのサービスの場合。カットサービスのレシーブはラケット面をボールの下に入れて打たなければいけないため、レシーバーは強打できない。甘いレシーブはすかさずノーバウンドで叩く。

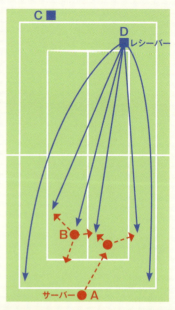

レシーブ

サーバーはサービス後、前に出る

中級

相手を惑わしコースを絞る

Menu **041** 裕ちゃんフォーメーション ＜カットサービス編②＞

難易度 ★★★★
時間 15分

習得できる技能
▶ 基礎固め
▶ フットワーク
▶ ミスをなくす
▶ 攻撃力
▶ 戦術
▶ 発想力（遊び心）

やり方

1. 逆クロスのサービス時、カットサービスをするAはセンター寄りの位置からサービス。サービス後は前に詰める。また、サービス側の前衛はサービスラインより少し前、センターに構える（コート図参照）。
2. レシーバーDは逆クロスにレシーブ。そのボールをサービス側の前衛Bがボレー。サーバーのAは自分の前衛の動いたほうとは逆側をカバーする。

展開パターン

逆クロスでサービス→逆クロスにレシーブ→サービス側の前衛がボレー、後衛は逆サイドをカバー

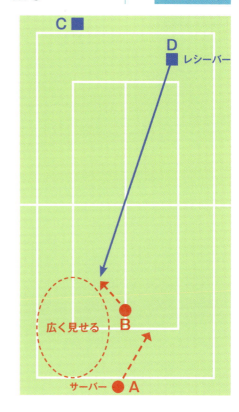

？ なぜ必要？

カットサービスから思惑どおりのコースへ打たせ、叩く

カットサービスをレシーブする際、レシーバーはラケット面を上に向けなければ返球できない。つまりシュートボールを打ちづらい。そのため、レシーブが山なりの緩いボールになりがちだ。それをサーバー側の前衛が叩きにいく攻撃はポイントをとりやすいため、カットサービスからの攻撃の幅を広げたい。このパターンでもポジショニングで相手を惑わし、サービス側の思惑どおりのコースに打たせて攻撃する。

!Menu041のポイント

クロス、逆クロスいずれのコースでも効果的

- サービス時のポジションにより、レシーバーにクロス（逆クロス）のスペースの空きを広く見せて、そのコースにレシーブを打たせる戦法。カットサービスのキレがよく、広く見せたコース以外にもレシーブが飛んでくる場合もあるが、サーバー側の2人のいずれかが叩けばよい。
- クロス、逆クロス、どちらのサービス時でも使える戦法。
- ペアにはバランスがあるため、自分たちに適した攻撃パターンを選択していこう。

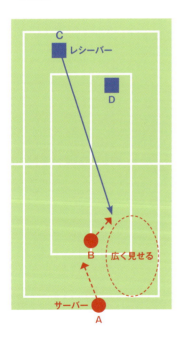

展開パターン
クロスでサービス→クロスにレシーブ→
サービス側の前衛がボレー、
後衛は逆サイドをカバー

中級

相手を惑わしコースを絞る

Menu 042 **裕ちゃんフォーメーション <カットサービス編③>**

難易度 ★★★★
時間 15分

習得できる技能
▶ 基礎固め
▶ フットワーク
▶ ミスをなくす
▶ 攻撃力
▶ 戦術
▶ 発想力（遊び心）

やり方

1. クロスのサービス時、カットサービスをするAはセンター寄りの位置からサービス。サービスはできるだけ短めにする。サービス側の前衛は逆クロスのポジションに立つ（コート図参照）。
2. レシーバーCがクロスの鋭角にレシーブする。サービス側の前衛Bがクロスのポーチボレーに出る。サーバーAは前衛とは逆側のスペースをカバーする。

▼展開パターン：クロスでサービス→クロス鋭角へレシーブ→サービス側の前衛はクロスへポーチボレー、後衛は逆サイドをカバー

❓ なぜ必要？

100パーセントの勝負を決める

カットサービス編の裕ちゃんフォーメーション①②が布石となり、相手レシーバーにクロス（逆クロス）を広く見せ、「クロス（逆クロス）しかレシーブを打てない」状況に追い込む。そこを前衛がポーチボレーで100パーセント勝負に出る。

▼逆クロスでも使える戦法

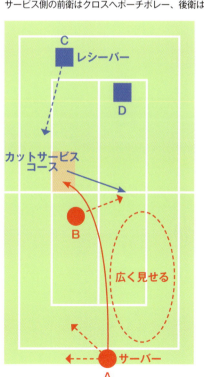
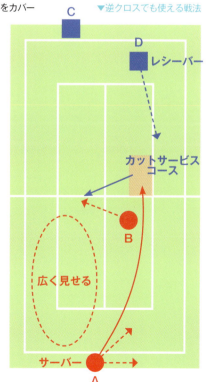

● 短いカットサービス

展開パターン
クロスでサービス→短いサービスをレシーバーがスライス面でレシーブ→サービス側の前衛はポーチに出る

> **⚠ ポイント** 短いカットサービスでスライス面で打たせる

広く見せたスペースにレシーブを打たせるポジショニングを布石とし、クロス（逆クロス）に打たせる。さらに、この戦法ではカットサービスの落ちる位置によりレシーブも変わってくる。長いカットサービスだとドライブ面のレシーブを返球されるが、短いカットサービスを入れるとレシーブはスライス面となり、山なりで緩めのレシーブとなって勝負しやすくなる。

●短いカットサービス⇒スライス面でのレシーブ

レシーバーの打ち方
クロスのサービス時、短いカットサービスが入れば、レシーバーはスライス面でレシーブする

●長いカットサービス

展開パターン
クロスでサービス→長いサービスをレシーバーがドライブ面でレシーブ→サービス側の前衛はポーチに出る

● 長いカットサービス⇒ドライブ面でのレシーブ

レシーバーの打ち方
クロスのサービス時、長いカットサービスが入れば、レシーバーはドライブ面でレシーブする

中級

ねらい 相手を惑わしコースを絞る

Menu 043 裕ちゃんフォーメーション
＜カットサービス編：X攻撃＞

難易度	★★★★
時間	15分

習得できる技能
▶ 基礎固め
▶ フットワーク
▶ ミスをなくす
▶ 攻撃力
▶ 戦術
▶ 発想力（遊び心）

やり方

1. クロスのサービス時、カットサービスをする A はセンター寄りの位置からサービス。サービス側の前衛はサービスラインのやや前で構える（コート図参照）。サーバーの後衛はカットサービス打球後に、前衛とは逆サイドのポジションにつくために前進する。

2. レシーバー C がセンターへレシーブをする。サーバーの後衛が叩く。

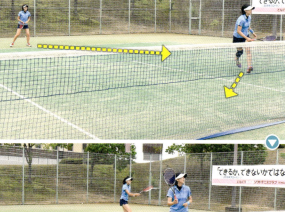

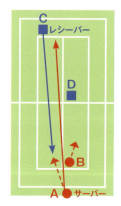

❓ なぜ必要？

レシーブコースを限定させる

サーバーの後衛と前衛が一直線上に立ち、相手を惑わす陣形。相手のレシーブのコースを限定させ、自分たちの攻撃につなげる。

展開パターン
サービス側は後衛がクロスへカットサービスを打ったら前衛はクロスポーチへ、サーバーの後衛は前へ詰める（左サイド側をケア）

!ポイント

ショートクロスレシーブを封じる

- サービス側の後衛と前衛が「X」の文字のような動きをする。
- レシーバーの後衛がショートクロスのレシーブを得意とする場合には、特に効果的な戦法になる。相手のショートクロスレシーブをローボレーなどでおさえることができるため。
- 相手レシーブがさらにクロス寄りに飛んできた場合は、サービス側の前衛が叩きにいく。

ポジションのカバーリング

カットサービスからサーバーが前に出て、よりクロス寄りのレシーブが飛んできた場合は、ペアの前衛がクロスに出て相手レシーブを叩く。

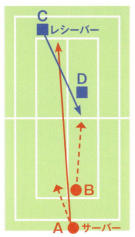

👆 ワンポイントアドバイス

硬式テニスから誕生した戦術

この戦術は、硬式テニスでオーストラリアの選手が初めて用いた陣形。そのため、オーストラリアン・フォーメーションともいわれている。

中級

相手を惑わしコースを絞る

Menu 044 裕ちゃんフォーメーション ＜カットサービス編：I 攻撃＞

難易度 ★★★★
時間 15分

習得できる技能
▶ 基礎固め
▶ フットワーク
▶ ミスをなくす
▶ 攻撃力
▶ 戦術
▶ 発想力（遊び心）

やり方

1. クロスのサービス時、カットサービスをする A はセンター寄りの位置からセンターへサービスを入れる。サービス側の前衛はサービスラインの少し前で、サービスセンターラインをまたいで構える（コート図参照）。サーバーの後衛はカットサービス打球後に、ペアの前衛とは逆サイドのポジションにつくために前進する。
2. レシーバー C が打ちづらいため、センターへレシーブ。サーバーの後衛かまたは前衛のいずれかがボレーする。

展開パターン
クロスでサービス→センターへレシーブ→
サービス側の後衛または前衛がボレー

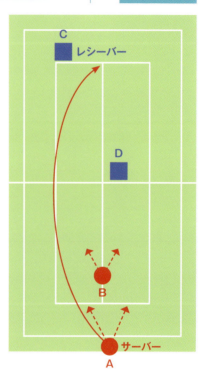

？ なぜ必要？

角度をつけたレシーブを打たせず、甘い球を叩く

「X 作戦」同様、サーバーの後衛とサービス側の前衛が一直線上に立つ陣形で、センターのカットサービスを打つことで、レシーバーが角度をつけたレシーブをできなくする。相手のレシーブコースを限定させ、甘い返球を叩く。

! ポイント あらかじめポーチに出るほうを決めておく

- サービス側の後衛、前衛がセンターに立ち、なおかつカットサービスがセンターに入ってくるため、レシーブがセンターに集まりがちでボレーしやすくなる。サービス側ペアは、あらかじめどちらがポーチに出るか打ち合わせをしておくとよい。
- サービス側が一直線上に立つため、サーバーの後衛がカットサービスを打つときはペアの前衛はサービスの邪魔にならないよう、上体を少し前かがみにしよう。
- カットサービスがセンターではなく、サイドに入ってしまうとレシーブでストレートをねらわれてしまうので注意。
- 逆クロスからのサービスを打つ場合も、左右対称に考えよう。

炸裂！中本監督節 「コートゾーンについて」

常識中の常識だけど、意外と知らない人ばかり!?

　試合でミスをする要因として、「それをしてはいけない場面で、やってしまう」ことが挙げられます。たとえば、相手が深いボールを打ってきたのに、「強引に強打して相手前衛にとられたり、あるいはミスをしたりする」。

　ここでお話ししておきたいのは、ボールの落ちた場所において、プレーの仕方が異なるという点です。言い換えると、テニスコートのゾーンによって配球や勝負の仕掛け方が違うわけです。

　以下のコート図を参考に、ゲーム中、正確な判断のもとにプレーしていきましょう。

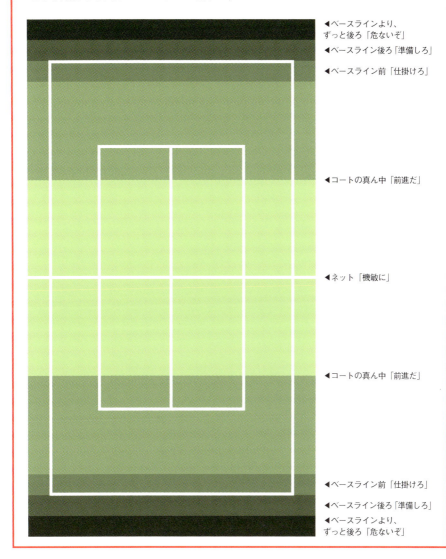

◀ベースラインより、ずっと後ろ「危ないぞ」
◀ベースライン後ろ「準備しろ」
◀ベースライン前「仕掛けろ」
◀コートの真ん中「前進だ」
◀ネット「機敏に」
◀コートの真ん中「前進だ」
◀ベースライン前「仕掛けろ」
◀ベースライン後ろ「準備しろ」
◀ベースラインより、ずっと後ろ「危ないぞ」

column　ダブルスの戦い方

　試合を勝ち抜いていくための「ダブルス5カ条」を挙げたいと思います。大会前日には、再度、頭に入れておきましょう。

1　ポイントとポイントの間では、必ず次の作戦を確認する
　わずかな時間の間に「レシーブをストレートに返す」「ロブで上をねらう」などの戦略を練り、ペアがしっかりと認識しながらプレーしましょう。たとえ作戦が失敗しても、2人で立てた作戦なので、どちらかが失敗しても変な亀裂が生じることはありません。次のポイントに対して強気で臨めます。

2　サービスゲームは絶対にキープ
　ダブルス用のサービスともいえるスライスサービスで、いつでもセンターに打てる。しかも80パーセント以上の確率で、エースをとりにいかず、味方にポーチに行かせると盛り上がります。何より盤石な試合運びができます。

3　ゲームポイントでは強気の作戦を立てる
　あと1点でゲームがとれるというときは、慎重策ではなく、強気の作戦を立てて、ゲームを奪いにいきましょう。その場合、相手は大事なポイントだからと、セオリー通りの慎重策をとってくるので、そこを見逃さずに攻めます。

4　レシーブはストレート3割、クロス7割（センターを含む）
　たとえば、デュースの1本目は必ずストレートに打つ。私はこの作戦はおもしろいと思っています。それが相手のポイントになったとしても、それ以降、相手前衛は思うようにポーチに出てこられなくなり、楽に戦えるようになります。

5　ポーチはどんどん積極的にやろう
　味方がサービスのときには、どんどんポーチに出ましょう。ストレートを抜かれることを怖がってはいけません。怖がらずにネットにつくこと。2本抜かれても3本目は決めればいいのです。ただし、ポーチに出るときは、必ずサーバーにサインを送ります。そうすることによって、カバーリングが早くなり、抜かれても相手に1本で決められることはなくなります。

第4章
奇想天外（?!）戦術

ソフトテニスの戦術を考える上で、
いかに相手を翻弄させるかということが重要だ。
得点するためには、どうしたらいいのか——
相手の先を行く戦術を考えるための奇想天外な作戦から、
みなさんには刺激を受けていただきたい。

4章に入る前に……

「2歩先を考えながら、1歩先を行く」

　ここで紹介される作戦は、どんぐり北広島の無限の発想力のもとに考えられたものです。現在の私たちのスローガンは「できるか、できないか、ではない。やるか、やらないか」です。

　以前、私たちのチームではダブルカットサービスを試合で行いました。固定観念のもと、当時、多くの人々に揶揄されました。しかし、そこで勇気を持って、実戦でトライした結果、女子ソフトテニス界の先陣を切って、オールラウンダーや攻撃型並行陣など体現することができました。「2歩先を考えながら、1歩先を行く」──この精神は、今、在籍する選手たちにも宿っています。ですから、ルールに反しないことで、いかに相手を翻弄させるか、常に考えています。

　人を変えることはなかなかできません。しかし、自分が変われば、未来は変わるのです。みなさんには、ここで紹介する奇想天外な戦術に少しでも刺激を受けていただければと思います。ただ、漠然と練習するだけではなく、各自が得点するための知恵を出し合っていきましょう！

　そういう過程の中で新たな戦術が生まれたりするのですから！

奇想天外(?!)戦術

ねらい：相手の戦意を失わせる

奇想天外①
＜くつかぶります作戦＞

● 場面解説

- ✓ G1-2でリードされている。ペアと話をして間をとりたいため、シューズのひもを結び直すよう5分のタイムをとる。
- ✓ シューズのひもを結び直しながら、ここで……あることを……。
- ✓ タイムが終わり、またゲーム再開。選手たちが構えると……。
- ✓ シューズのひもを直していたあの選手が頭にシューズをかぶっている!!!!!!

炸裂！　中本監督節

だれも思いつかないような発想だからこそ

　これはあくまでも1つの発想です。ふつうだったら、負けている状況でタイムをとって、ひと呼吸を空けるところで終わるでしょう。しかし、ウチのチームだったら……と考えついた発想です（まだ試合で試したことはありませんが……）。

　相手からしたら、こういう場面で、敵にこんなことをされたら、どれだけ戦意を失うでしょうか。ルールブックには「違反」とは書いてありません。だれも思いつかないような発想が、相手の心を翻弄させることができるのです。みなさんの発想力を刺激するための材料提示だと思ってください。

ねらい：相手にミスさせる

奇想天外②
＜ヤッホッホ作戦＞

ポーチボレーに出るタイミングで1回転?!

● 場面解説

- ✓ 相手がサービスレシーブの場面。レシーバーが打つ瞬間に、サービス側の前衛が「ヤッホッホ」と声を上げて1回転をする。
- ✓ レシーバーは、突然のことにレシーブをネット。

炸裂！　中本監督節

「よし、コイ」だけではない!

　サービスレシーブの際、よくサービス側の前衛は「よし、コイ」など声を出します。しかし、「よし、コイ」だけではないという発想から……この戦術を思いつきました。相手をびっくりさせてミスを生じさせるために、あなたならどのような戦術を考えますか？

奇想天外（?!）戦術

ねらい 相手にミスさせる

奇想天外③
＜ラケットはどこだ？作戦＞

● 場面解説

✓ 相手がサービスレシーブの場面。サービス側の前衛はネット前に立っている。まるで、サッカーのゴールキーパーのように。
✓ レシーバーがレシーブする瞬間に背中に隠しておいたラケットを取り出す。
✓ レシーバーがクロスにレシーブするもののアウト。

炸裂！ 中本監督節
「ゴールキーパーがいる?!」と揺さぶる

この作戦も、どうしたら相手にレシーブミスさせられるか、という発想のもとの戦術。「えっ、なんでゴールキーパーがいるの！？」という驚きから揺さぶりをかけて、レシーブミスを誘うわけです。

▲ポーチボレーに出るタイミングで背中に隠したラケットを取り出す？！ 実際の試合ではウォームアップは着ていない！？ 隠す場所がない！？ あくまで発想力！

ねらい 相手をあざむくプレーをする

テクニック①
＜ストップスマッシュ＞

● 場面解説

✓ 威力あるスマッシュを打ったあと、再度スマッシュを打つ場面に遭遇する。
✓ 背面にラケット面をセットし、ボールを当てて、ネット前に落とす。

炸裂！ 中本監督節
ガツンと一発が布石に

ここで紹介するのは、ガツンと打ったスマッシュが布石となり、背面でボールの勢いをストップ（吸収）させ、相手コートに落とすネットプレーのこと。大リーグのイチロー選手の背面キャッチと同じ要領。布石が効いているので、相手はフォローのためにコート後方へ下がります。その裏をかいて、ネット前に落とします。

ガツンと一発スマッシュを放つ

▲通常のスマッシュとボールをとらえる地点が異なる。かなり高度なテクニック！？

炸裂！中本監督節「ベンチワーク」

左目で自分の選手、右目で相手ベンチを見よ!

　団体戦のベンチワークについて、私の考えをお話ししたいと思います。

　たとえば、G3－0で自分のチームの選手が勝っている状況でサイドチェンジのためベンチに戻ってきます。相手ベンチからすれば、G0－3ですから、思い切った指示を出しているでしょう。しかし、こちらはできるだけ短く、ひと言で指示を終わらせます。

　そして、ここで質問です。
Ⓐベンチに座っている監督の正面に選手2人を立たせる
Ⓑ選手2人をベンチに座らせて、監督はコートを背にして、選手たちと向かい合って話す

　こういう場面で、あなたならどういう状況になっているのがよいと思いますか？

　実は……A、Bともに不正解です！　私ならば、写真左下のようにします。

　ベンチに座った監督の前に選手2人は立っているのですが、実は正面に立っているのではありません。左寄りに選手は立ち、監督は左目で自分のチームの選手を見て、右目で相手ベンチを見ているのです。

　相手ベンチを見て、相手監督がどちらの選手にアドバイスを多く送っているのかを確認します。多く指示を出された選手は、次のゲームでは仕掛けたり、動きが変わったりする可能性がありますから。ここが重要なのです。

　一方、Aでは相手が見えない。自分のチームのペアにいろいろ話したところで、終わったことを話すのもナンセンスです。さらに、Bも相手ベンチにお尻を向けていては何も情報を得られません。

　私が考えるベンチワークとは、こういうことなのです！

左目で選手を、右目で相手ベンチを観察する

Ⓐ 自分のチームの選手2人が正面に立つと、相手ベンチが見えない

Ⓑ 相手ベンチにお尻を向けては×

奇想天外（?!）戦術
<ねらい>相手に打つコースを読ませない

テクニック②
<あっち向いてホイ作戦>

● 場面解説

ツイストを打つ場面。クロス側でクロスに速いツイストを打つとみせかけて、ラケットの裏面を使ってストレートのネット前に落とす。

炸裂！ 中本監督節
同じフォームからさまざまなショットが打てると強い

同じフォームでショートクロス、ストレートなどさまざまなコースに打てるようになれば強いでしょう。この作戦では、顔の方向はクロスに向いているにもかかわらず、ボールがストレート方向へ落ちていきます。そのため、「あっち（クロス）向いてホイ（ストレートへツイスト）」と命名。バドミントンでも同様に、顔の向いているコースとは異なるコースへシャトルを打つテクニックは実際に試合で行われるそうです。ソフトテニスでも取り入れやすいテクニックだと思います。

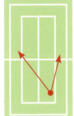

▲顔はストレートを向いたまま、ボールはクロス方向へ。インパクトはよく見ないとわかりにくいが、裏面でボールをカットして返している

テクニック③
<ツイストと見せかけての裏面>

● 場面解説

✓ 逆クロスでのサービス＆レシーブの場面（ラリー中でもOK）。レシーバーが逆クロスの鋭角へツイストを打とうとしたとき、相手前衛に読まれてとられることもある。
✓ そこで、レシーバーはツイストと見せかけて、裏面でストレートへシュートを打つ。

炸裂！ 中本監督節
ここぞで打ち込む

ツイストのフォームからストレートパスが打てるとは……だれも思いもしないはず。だからこそ、ツイストのフォームから裏面でストレートにシュートを打ちこみます。ただし、あまりやりすぎると相手前衛に読まれるので、ここぞで打つのが効果的でしょう。

▲ツイストを打つフォームからラケット面を斜めにスイングし始め、インパクト寸前に面の下側を上に上げて裏面でインパクト。コンパクトにスイングすれば、裏面でシュートが打てる！

相手の戦意をなくす

テクニック④
＜ラケット横持ち打ち＞

● 場面解説

ラリー中、短めのチャンスボールがきたら、ラケットを横持ち（写真①のように）し、そこからラケットを返して裏面でインパクトして返球する。

炸裂！ 中本監督節

緩いボールでも効果的！

相手の意表をつくラケットの持ち方から、裏面を使って相手コートに返す。緩いボールでの返球になりますが、ラケットを横持ちする姿で相手を揺さぶり、相手の集中力が切れたところに緩くネット前に返すわけです。

▲写真②の状態からラケット面をボール側へひっくり返し、裏面でカットして押し出す

炸裂！ 中本監督節「試合会場で」

次の対戦相手を見に行くときの心構え

大会中、次の対戦相手の試合を見に行くことがあります。
そのとき、みなさんはどのような点を見るのでしょう？
たとえば相手の得意なプレーを見ていますか？「こういうプレーができるんだ」と応援者みたいな気持ちになってしまうと、相手の力以上に強さを増大させてしまいます。ですから、対戦相手の強いほうのチームの監督になったつもりで見れば、たいしたことないところが見えてくるのではないでしょうか。
気持ち次第で、見え方が変わってきます。ぜひ、試してみてください。

奇想天外（?!）戦術

相手に打つコースを読ませない

テクニック⑤
＜逆クロスへの死角返し＞

● 場面解説

逆クロスの鋭角にボールを落とされた場面。走り込み、ラケットの裏面を使って逆クロスの死角へ返球する。

炸裂！ 中本監督節

進行方向に身体は向き、ボールは逆側へ落ちる

　逆クロスの死角を攻められたものの、逆クロスの死角返しができれば、相手に大きなダメージを与えることができるでしょう。そのためにも、逆クロスの死角に打たれたときは、この返球の仕方を覚えるとよいと思います。

　進行方向に身体を向けて走り込みながらも、裏面を使ってボールは逆方向の逆クロスへ返球。132ページの「あっち向いてホイ作戦」と同様に、相手にコースを悟られにくいです。

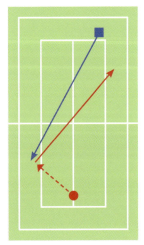

● 角度のついた短いボールの返し方

身体は進行方向を向き、ボールはラケットの裏面に当て、逆クロス方向に面を残す。

炸裂！ 中本監督節 「ゲーム1本目のサービス」
緊張をほぐすための1球目

　高校野球を見ていると甲子園での第1球目を投げるピッチャーがバックネットに投げることがあります。テレビの視聴者や球場のファンに「なんだ、アイツはおかしいのか」と思われても、それをすることで緊張がとけることがあります。

　ソフトテニスでも、たとえばプレーボールの1球目に天井サービスを打ちながら、そのボールが落ちてくる前に2球目をサービスしたら、レシーバーはびっくり！　自分は1失点！　となりますが、それでも緊張がほぐれ、気楽になったりするものです。

　私はスポーツは賢い人＝ズルい人が勝つと思っています。いい意味で賢く、ズルく、勝つためのテニスを考えていきましょう。

奇想天外（?!）戦術
攻撃型並行陣の守りを強化する

ねらい

テクニック⑥
＜後ろ向きトップ打ち＞

● 場面解説

攻撃型並行陣のフォーメーションをとっているとき、相手にロビングで頭越えのボールを打たれた場面。返球するだけではなく、しっかり打って返す。

炸裂！ 中本監督節

ボールを追い越して打つ！

　攻撃型並行陣はロビングを打たれて陣形を崩されることがあります。ただ、ここでようやく後ろに戻って返球するだけだと、再度攻撃を受けることになります。だからこそ、返すだけではなく、しっかりと打って返球するプレーができないといけないのです。

　このショットは日頃から練習していないと実戦で対応できないと思います。素早く後方に戻って回り込んで打つのではなく、ボールを追い越して打つイメージで打ち返していきましょう。

後ろ向きで走り、ボールを追い越してから正面に向き直り、ボールを打つ

奇想天外（?!）戦術
サービスを楽しむ！

超絶サーブ①
＜後ろ向きサービス＞

● 場面解説

後ろを向いてサービスを打つ

ネットに対して後ろを向いて、下からラケットを振り出して頭の上でインパクトしてサービスを打つ。

炸裂！ 中本監督節

正面向いたら、レシーブで攻められた!?

後ろ向きでサービスを打って、正面向いたらレシーブで攻めこまれ、1失点――可能性大です……。意表をつくだけのサービスともいえます。

超絶サーブ②
＜お尻横からサービス＞

● 場面解説

ボールを打つ瞬間まで正面を向きながら、ラケットをお尻の横に回してサービスを打つ。

炸裂！ 中本監督節

チャンスボールになるのか!?

このサービスも意表をつくことはできると思います。ただ、緩いサービスになってしまいますので、相手のチャンスボールになるかもしれません……。

超絶サーブ③
＜天井サービス＞

●場面解説
後ろ向きからラケットを下から上へとスイングして、高さのあるサービスを打つ。

炸裂！ 中本監督節
ネット際に落ちる天井サービス
昔、バレーボールでも「天井サービス」というのがありました。ラケットを下から上へ思いきってスイングして高さのあるサービスを打つわけです。回転数が多いため、相手がレシーブを打ちにくいこと必至です！

超絶サーブ④
＜グリップサービス＞

●場面解説
ラケットのフレームを持って、グリップでボールを打ってサービスする。

炸裂！ 中本監督節
メリットなし!?
もし、このサービスを打ったら、意表はつける？ いや、相手に「なんだ、コイツ」と思われるでしょう。試合でメリットは相手がびっくりするだけです。

奇想天外（?!）戦術
相手を揺さぶる意表をつくサービスを考える！

超絶サーブ⑤
＜下からじゃないの？サービス＞

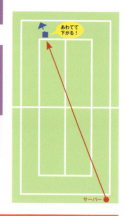

● 場面解説

アンダーカットサービスの構えから、オーバーヘッドサービスを行う。

炸裂！中本監督節

思わせぶりで効果抜群

これは一番、実戦でトライしやすいサービスではないでしょうか。レシーバーはアンダーカットサービスがくると思い、前に詰めます。そこを上からのサービスでびっくりさせるわけです。相手のミスを誘いやすいサービスだと思います。

超絶サーブ⑥
＜上からじゃないの？サービス＞

● 場面解説

オーバーヘッドサービスのトスを上げ、
トスされたボールをアンダーカットでサービス。

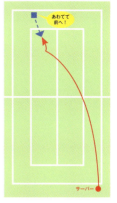

炸裂！　中本監督節

レシーバーを前のめりにさせ、甘いレシーブを打たせる！

オーバーヘッドサービスがくると思っているレシーバーはコート後方に構えます。そこでサービス途中でアンダーカットサービスに変わってしまうため、レシーバーは前のめりになってしまうはず。甘いレシーブが返球されたら、そこを叩く！

column　シングルスは簡単！

　シングルスについては、毎日の指導の中でダブルスと関連づけて指導しています。以下は、どんぐり北広島のシングルスの5か条です。

❶ベースラインから下がらずにストロークする
❷サービスを2種類以上使いこなせるようにする
❸チャンスを作り、どんどん前に出る
❹バックハンドストロークはすべて引っ張る
❺（1球ごとのコースによって守るべき）コートのスペースが変わるので、死角をしっかりと考える

　シングルスが難しいのは、1人で全部のショットを打ち、試合を組み立てなければならないからです。しかし私は、シングルスは簡単という逆の発想から入ります。「リターン時に前衛がいない」「ダブルスよりもコートは狭い」「2回に1回は必ず自分が打つことができる」と考えればよいのです。
　サービスを打つ位置は、センターマーク付近になります。ラリー中の待球姿勢は、相手の返球可能なコースの真ん中に立つという基本があります。したがって、一般的に常にセンターで構えるわけです。これならば、フォア、バックのいずれに打たれても追いつくことができます。
　リターンは、苦しいときでも、まずは相手の前にリターンすることが優先されます。コートの真ん中にロブで返球するだけでもかまいません。リターンゲームをキープする確率がグンと上がります。
　シングルスの大会に出場してきた選手は、フォアを得意とする傾向があります。ですから、バックをねらうことは大前提。すべてはそこから始まります。あくまでも差がつくのはバック。それほど弱点でなくても、相手はバックに打たれることを嫌がります。そして、フォアに回り込むようになるとポジションは乱れ、オープンコートがいくらでも生まれてくるのです。そこに強烈なフォアでも打ち込めば、楽々とポイントがとれるでしょう。

第5章
シングルスの達人になる！

シングルスが上達する必須条件は、
「フォア、バックともにコースの打ち分けができる」
「ポジションへの素早い戻り」「オープンスタンスで打つ」
「チャンスには前に詰めてネットプレー」……などが挙げられる。
日頃の練習から意識してプレーしていこう。

初級

ねらい 前後の移動を素早く行う

Menu **045** 前後フットワークの4本打ち

難易度 ★★☆☆☆
時間 15分

習得できる技能
▶ 基礎固め
▶ フットワーク
▶ ミスをなくす
▶ 攻撃力
▶ 戦術
▶ 実戦力（試合力）

やり方

1. 練習者、球出し者がストレートに入る。
2. サービスライン付近にいる球出し者が手投げでベースライン付近、サービスラインとベースラインの間の2か所に交互に上げボールをする。
3. 練習者は前後に移動しながら、4本連続で打つ。

球出し

？ なぜ必要？

攻められることの多い前後の移動を強化

1面を1人で守るシングルスでは、前後に揺さぶられることが多い。そのため、前後に移動するフットワークをスムーズに行えるよう強化する必要がある。

⚠️ ポイント
上体を倒さず、立てて移動

- 上半身を立てて前後に移動。上体が倒れてしまうと、次の動きにスムーズに移行できない。
- コートの前、後ろで打つ場合、ネットとの距離が変わるため、スイングを調節しなければならない。**前に出たときにはスイングは小さくコンパクトに。ベースライン付近で打つ場合はスイングは大きく。**

▲上体を立てて前後に移動。短いボールの処理時はコンパクトなスイングで、ベースライン付近の深いボールに対しては大きなスイングで打っていく

▲上体が前傾してしまうと、スムーズにスイングできず、ミスをしやすい

初級

ミスをしないツイストをマスター

Menu **046** スライスショットの基本

難易度	★★★☆☆
時間	15分

習得できる技能
▶ 基礎固め
▶ フットワーク
▶ ミスをなくす
▶ 攻撃力
▶ 戦術

やり方

● **ステップ1**
1. 練習者、球出し者がストレートに入る。
2. 球出し者はサービスライン付近にいる練習者に対し、ラケットで緩いボールを上げる。
3. 練習者はワンバウンドしたボールを右胸に当てる。

● **ステップ2**
1. 練習者、球出し者がストレートに入る。
2. 球出し者はサービスライン付近にいる練習者に対し、ラケットで緩いボールを上げる。
3. 練習者はワンバウンドしたボールをスライスショットで返球する。

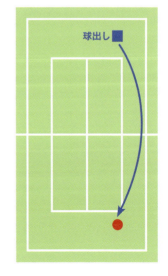

? なぜ必要？

シングルスの必須ショットを完全マスターしよう！

前後左右、剛柔……とシングルスの配球では、変化をつけていくことで相手を揺さぶらなければならない。シングルスの技術を磨く中ではスライスショットをマスターすることも必須だ。ラリーのスピードを変え、スライスショットを打つ場合、ミスも生じやすい。そのためにも、スライスショットをミスなく打つコツを覚えていこう。

⚠️ ステップ1のポイント　横を向かない

身体の正面に当てるイメージで、横を向いてしまうと、うまくスライスできない。

● ステップ1 OK

ネットに対して正面を向いている

● ステップ1 NG

ネットに対して横を向くと、安定した体勢でスライスをかけられない

⚠️ ステップ2のポイント　身体は横に体重移動

- 身体を横に体重移動して打点に入る。
- グリップはセミイースタングリップがよい。
- ラケットは振らず、ラケット面を残すイメージでスイングしよう。

スライスをかけたあと、ラケットを振らない。振ってしまうと、ボールに回転がうまくかからず、ミスにつながる

● ステップ2 NG

● ステップ2

セミイースタングリップで握るとスライスをかけやすい。

● ステップ2 OK

スライスをかけたあと、ラケット面を残す。

初級

スライスショットの使い分けを覚える

ねらい

Menu **047** スライスショットの打ち分け
（柔らかい&速いの交互）

難易度 ★★★☆☆
時間 15分

習得できる技能
▶ 基礎固め
▶ フットワーク
▶ ミスをなくす
▶ 攻撃力
▶ 戦術
▶ 発想力（遊び心）

やり方

1. 練習者、球出し者がストレートに入る。
2. 球出し者がサービスライン付近にいる練習者に対し、緩めのボールを上げボールする。
3. 練習者は柔らかいスライスショット、速いスライスショットを交互に打ち分ける。
4. 徐々に球出し者の上げボールを長くし、練習者は打つ場所を変え、コート後方からも同様に打ち分ける。

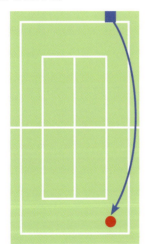

なぜ必要？

ボールの回転のかけ方をいろいろと経験

スライスショットはボールのカットの仕方で回転が自在に変化する。さまざまな回転のかけ方を覚えて多様なスライスショットが打てるようにする。

ポイント

速いスライスショットはラケットを引き戻す

- 相手に球種を悟られないように、柔らかいスライスショットも速いスライスショットも、同じフォームから打っていく。
- 柔らかいスライスショットはインパクト後は面を残す、速いスライスショットはインパクト後は素早く上にラケットを戻すイメージで。

● 速いスライスショット NG

インパクト後にラケットを前に出しすぎ

●柔らかいスライスショット OK

インパクト時にボールをラケット面で運ぶようにカットする

●速いスライスショット OK

大根を「コンッ」と包丁で切るように、インパクト面とボールの接地時間を短く、インパクト後にラケットを上に引くように打とう

初級

ねらい　シュートボールのスピードを落とし、短いツイストを落とす

難易度 ★★★☆☆
時間 15分

習得できる技能
▶ 基礎固め
▶ フットワーク
▶ ミスをなくす
▶ 攻撃力
▶ 戦術
▶ 発想力（遊び心）

Menu **048** スライス&ドライブ20本打ち

やり方

1. 練習者2人がストレートに入る。
2. 一方がベースライン付近からスライスショットを打つ。もう一方がサービスライン付近からドライブ回転の短いシュートボールを打つ。
3. それぞれフォアで20本ずつ打ったら、次はバックで20本ずつ打つ。

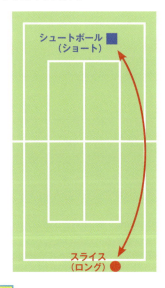

シュートボール（ショート）

スライス（ロング）

❓ なぜ必要?

スピードを変化させるコツをつかむ

ドライブ回転のストロークとスライスショットはスピードが異なるため、ラリー中にシュートボールのスピードを殺して、ネット際にツイストを落とさなければならない。シュートボールのスピードをうまく殺してスライスショットを打つコツをつかむ。

❗ ポイント

スライスショットはサービスラインをねらう

- 試合中は緊張し、スライスショットをネットにかけやすい。そのため、サービスラインをねらっていくとよい。
- ツイスト（スライスショット）は身体をネットに対して正面に向け、横への体重移動によって打つ。
- ドライブ回転のシュートボールを打つ人は、ベースラインまでの距離が短いため、スイングを速く、コンパクトにしていく。

●Menu048のバリエーションメニュー

バックの3本打ち

シングルスでより打つ機会の多いバックハンドの強化練習です。球出し者が逆クロスに3本連続で上げボールをし、練習者はバックハンドで2本シュートボールを逆クロスへ打ち、3本目はバックスライスでストレートに落とします。3本目のネット際へのツイストはウイニングショットだと思ってねらっていきましょう。

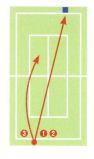

●バックハンドのスライス

バックスライスが打てると、攻められたボールでもうまくしのぎやすい

●バックハンドのシュートボール

3本目のスライスを生かすためにバックハンドのシュートボールは深くねらう

👉 ワンポイントアドバイス

左胸にボールを当てるイメージで

　バックのスライスショットの打ち方を説明していこう（フォアのスライスショットの打ち方はMenu46、47で解説）。フォア同様、身体はネットに対して正面を向き、左胸にボールを当てるイメージで横に体重移動をさせて打つ。

　シングルスではバックハンドをねらわれることがダブルス以上にある。さらに、厳しいボールを打たれた際は、このバックのスライスショットが打てると守りが堅くなる。ぜひ、日頃の練習でマスターしていこう。

初級

さまざまな球種を打ち分ける

Menu **049** 3本打ち

難易度 ★★★☆☆
時間 15分

習得できる技能
▶ 基礎固め
▶ フットワーク
▶ ミスをなくす
▶ 攻撃力
▶ 戦術
▶ 発想力（遊び心）

やり方

1. 練習者はセンターに構える。クロスにいる球出し者はクロスへ3本上げボールをする。
2. 練習者は1本目をトップ打ち、2本目を柔らかいスライス、3本目を速いスライスで返球。1球打ち終わったごとにセンターに戻る。
3. これを逆クロス、左右ストレートでも行う。

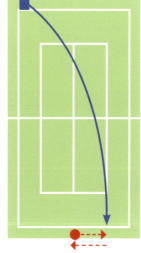

● トップ打ち

スピードにメリハリ、コースに角度をつけるなど、自分で考えながら打とう

? なぜ必要？

自分が意図したさまざまな球種、コースを打てるようにする

シングルスで相手陣形を崩すためには、「バックハンドを攻撃」「前後左右の揺さぶり」「広角打ち」「シュートボール、スライスほか多彩な球種が打てる」などが挙げられる。自分で意図したさまざまな球種、コースが打てるような練習をしていきたい。

> **! ポイント**
>
> ## 打球後は素早くセンターに戻る
>
> - 自分でコースの組み立てを考えよう。
> - 実戦を想定し、打ったあとは素早くセンターに戻ることを意識する。
> - 上げボールはテンポよく行うと、実戦的な練習になる。

●柔らかいスライス

スピードボールのラリーから意表をついて、柔らかいスライスをネット際に落とせれば効果的

●速いスライス

ネット前のツイストが読まれたときに、速いスライスがあると相手のリズムを乱すことができる。スピードや切れ方など、スライスの幅が広がるとシングルスの力もつく

中級

さまざまな球種を打ち分ける

ねらい

Menu 050 振り回し12本打ち（コース打ち分け）

難易度 ★★★☆☆
時間 15分

習得できる技能
- 基礎固め
- フットワーク
- ミスをなくす
- 攻撃力
- 戦術
- 発想力（遊び心）

 やり方

1. クロスにいる球出し者は、シングルスコートの左右へ12本連続で上げボールをする。練習者の打ち分けの順番は、①クロス②逆クロス③ショートクロス④逆クロスの鋭角（ショートクロスの逆）⑤センター⑥センター⑦ストレート⑧ストレート⑨ツイスト⑩ツイスト⑪トップ打ち⑫スマッシュ
2. 練習者はセンターからスタートし、左右に振り回されながら①〜⑫の順で返球していく。なお、偶数のときはバックハンドで打つ。

? なぜ必要？

走りながらもコースをねらい、いろいろな球種で返球

1人でコートを守らなければいけないシングルスでは前後左右に走らされるのは必須。そこで、走らされても、コースをねらっていろいろな球種で打ち返せるようにする。

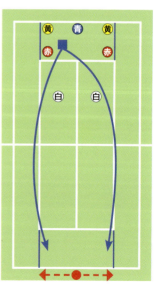

⚠ ポイント 打球後は上体を起こし、足の切り返しを使う

- カラーコーンを置き、しっかりとコースをねらっていく。ねらうコースとしては……
  ①クロス②逆クロス⇒黄色のコーン
  ③ショートクロス④逆クロスの鋭角（ショートクロスの逆）⇒赤のコーン
  ⑤センター⑥センター⇒青のコーン
  ⑦ストレート⑧ストレート⇒黄色のコーン
  ⑨ツイスト⑩ツイスト⇒白のコーン
  ⑪トップ打ち⑫スマッシュ⇒好きなコース
- 練習者は、打球ごとにフットワークよくセンターに戻る。**打球後、上体が前のめりになっていると、次の動きにスムーズに移行できない。上体を起こし、足の切り返しを使っていく。**

Point!
12本をなんとなく返球するのではなく、しっかりとコースをねらって打っていこう。そのためにも、上体を立て、足の切り返しを使って、ムダのない身体の使い方を心がけていこう

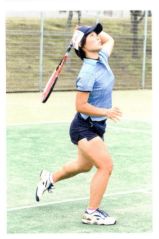

ワンポイントアドバイス

体軸を崩さないステップ

　シングルスでは、1人でコート1面を守らなければならないため、素早い戻り（打球ごとにセンターに戻る）が非常に重要。素早い戻りができないと、オープンスペースができてしまい、相手の怒涛の攻撃を受けなければならないからだ。

　ここで紹介するのは、オープンスタンス、クローズドスタンスで打った際の戻りの1歩をスムーズに行うためのステップ。

　どのステップでも優先されるのは、身体の軸を崩さず、常に立たせて安定した状態で次の動きに移行している点。また、効率のよいフットワークとしては、フォアもバックも先にクロスステップで移動し、最後の微調整をサイドステップで行う。ぜひ、実戦で使ってみよう。

●フォアハンドのオープンスタンス

●フォアハンドのクローズドスタンス

●バックハンドのオープンスタンス

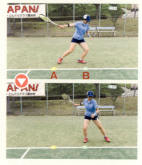

●フォアハンドのオープンスタンス
Bのコーン地点に軸足である右足を置いてスイング。スイングが終わったときには左足がBのコーンの位置に。体勢を崩さず、かつ素早く次の動きに移るために、足を入れ替えている。

●フォアハンドのクローズドスタンス
Aのコーン地点に踏み込み足がセットされ、スイング後は右足がAのコーンの位置に。足を入れ替えたため、右足で切り返し、センターへ移動。

●バックハンドのオープンスタンス
Bのコーン地点に左足がセットされ、スイング後には右足が入れ替わる。それにより、右足で体軸を支え、次の動きに素早く移行しやすくしている。

●バックハンドのクローズドスタンス
Bのコーン地点に踏み込み足の右足がセット。スイング後は左足がBのコーンの位置に。左足で切り返し、センターへ移動。

●バックハンドのクローズドスタンス

●Menu050のバリエーションメニュー

振り回し14本打ち

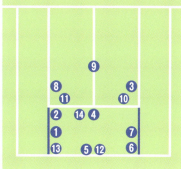

Menu50よりも走る距離が長く、前後に激しく動く練習。サービスから始め、上げボールの順は以下のとおり。
❶逆クロスのバックハンド
❷逆クロスのバックハンド
❸クロスのショートボール
❹センターに上がったチャンスボールをノーバウンドで叩く
❺センターに大きく上がったボールを下がりながらワンバウンドさせて打つ
❻クロス
❼クロス
❽逆クロスのショートボール
❾前に出てハイボレー
❿フォアハンドのローボレー
⓫バックハンドのローボレー
⓬センターに下がって打つ
⓭ストレートに回り込んで打つ
⓮トップ打ち

返球コースは決まっていない。攻められた場面と判断したら、センターに大きく返し、しっかりと打っていけるときは攻める気持ちを忘れずに。

前後左右に長い距離を走らなければならない練習。実戦を想定して、きわどい球もしっかりと返していきたい

中級

ねらい
バックをねらわれたあとの反撃を覚える

Menu 051 バックハンドからの攻めパターン

難易度 ★★★☆☆
時間 15分

習得できる技能
▶ 基礎固め
▶ フットワーク
▶ ミスをなくす
▶ 攻撃力
▶ 戦術

やり方

1. 練習者も球出し者も逆クロスに入る。
2. 球出し者が1、2球目を逆クロスへ上げボール。練習者は2本ともバックハンドで逆クロスへ引っ張る。
3. 球出し者がセンターへ甘いボールを上げボール。練習者はクロスコーナーをねらって打つ。
4. 球出し者はストレートにチャンスボールの上げボールをする。練習者はチャンスボールをノーバウンドでとらえ、決めにいく。

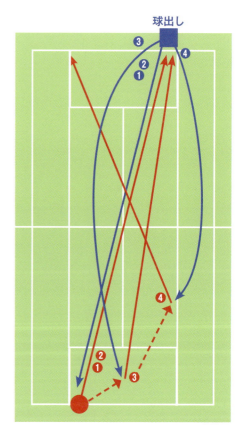

❓なぜ必要？

バックを攻められても反撃する力をつける

　ダブルス以上にシングルスではバックを攻められる。その状態をしのぎ、切り返しをするための練習をする。バックを攻められてもしっかり引っ張って返すことができれば、相手に甘い球を打たせることができる。そこからチャンスボールにつなげて決める。
　実戦の中で考えられるシチュエーションで球出しされるため、練習者はしっかりと実戦を意識しながら返球していこう。

⚠ポイント　引っ張りのバックでしのいで切り返す

- この練習の意図としては、相手がバックを攻めてきたものの、1、2球目のバックハンドの引っ張りで逆に相手を押し込む。相手がようやく上げたセンターへの3球目をビシッと逆クロスコーナーに打ち込み、相手がやっと返球したストレートへのチャンスボールをノーバウンドで叩く。
- 深い球で相手をベースラインに押し込む意識が大切。

●バックハンドの引っ張り

バックハンドの引っ張りをしっかり打っていく

●逆クロスコーナー攻め→叩く

センターの甘い球を逆クロスコーナーへ突き刺す

逆クロスコーナーへ打ち込んだあとは前に出て、相手がようやく返してきた短く甘い球をノーバウンドで叩く

初級

ねらい 打球後の戻りを素早くする

Menu **052** フットワーク強化（カゴ戻り）

難易度 ★★★☆☆
時間 15分

習得できる技能
▶ 基礎固め
▶ フットワーク
▶ ミスをなくす
▶ 攻撃力
▶ 戦術

● ステップ1

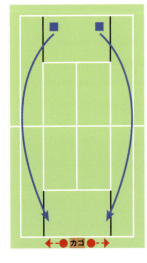

● ステップ2

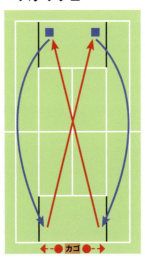

やり方

● ステップ1
1. 球出し者2人はそれぞれストレートに上げボールをする。
2. 練習者2人はセンターからスタートし、それぞれフォア連続20本、バック連続20本を打つ。1球ごとにセンターに戻り、カゴにラケットでタッチしてから次の球に対応する。

● ステップ2
1. 球出し者2人はステップ1同様の上げボールをする。
2. 練習者は2人セットで入る。クロスのときにはフォアハンドで引っ張り、逆クロスのときにはバックハンドで引っ張りのボールを打つ。
3. それぞれ20本連続で打ち、片方の練習が終わったら20秒のインターバルをとり、次はフォア、バックを交代する。

⚠ ポイント
打球時に体軸がブレると戻りも遅い

打球時に体軸がブレると戻りも遅くなるため、上体を前傾させず、体軸をまっすぐに安定した姿勢で打つことを心がける。

❓ なぜ必要？
戻りを意識する

打球後、常にセンターへの戻りを意識するための練習。ステップ2では逆サイドの練習者より打ち終わるのが遅ければインターバル時間も少なくなるため、自然とセンターへの戻りも速くなる。

● ステップ1　フォアハンド

● ステップ1　バックハンド

● ステップ2　フォア&バック

Point!
フットワーク、ステップ、身体のさばきなど効率のよい動きで素早くセンターに戻るクセをつける

中級

ねらい 速いボールをスライス面で返球し、体勢を整える

Menu 053 **時間をつくるスライス（フォア＆バック）**

難易度 ★★★☆☆
時間 15分

習得できる技能
▶ 基礎固め
▶ フットワーク
▶ ミスをなくす
▶ 攻撃力
▶ 戦術
▶ 発想力（遊び心）

▲写真では球出し1人がクロスに入ってボールを出している

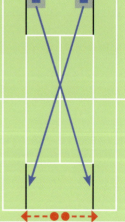

やり方

1. クロス、逆クロスに球出し2人が入る。
2. 練習者2人はそれぞれセンターからスタートし、コート外へはじかれたボールをスライスで返球する。

? なぜ必要？

体勢を戻すための時間をつくる

ダブルス、シングルスともに、**自分の体勢が崩れているときは深く返す**。その返球時間が長いほど自分の体勢を戻すことができるからだ。体勢を戻すために時間をつくるプレーを習得していく。

！ポイント　セミイースタングリップでオープンスタンス

- コート外へはじかれるような厳しいボールを打たれたときは、セミイースタンにグリップを持ちかえ、オープンスタンスでスライスを打とう。
- 深いスライスを打つためには、インパクト後にボールをラケット面で運ぶようにフォロースルーしよう。
- 打球後のセンターへの戻りもおろそかにしない。

スライスショット

相手の角度のついた厳しいボールに対し、深く時間をかけて返球することができると守備力が格段に向上する。また、このようにスライス回転をかけて深い返球をすることで、相手の次の攻撃を阻止することができる。

● フォアのスライスショット

● バックのスライスショット

中級

仕掛けどころをまちがえないようにする

Menu **054** 2対1

難易度 ★★★☆☆
時間 15分

習得できる技能
▶ 基礎固め
▶ フットワーク
▶ ミスをなくす
▶ 攻撃力
▶ 戦術
▶ 発想力（遊び心）

やり方

1. 2対1に分かれる。2人側はすべてセンターへ返球。1人側はシングルスコート内で仕掛ける。
2. 1人側が10点とったら、ローテーションする。

❓ なぜ必要？

どの場面でどういうプレーを仕掛けるか、考え、実践する

シングルスは自分1人で配球を組み立てる。常に、相手の状態を見ながら、どんな場面でどういうプレーで仕掛けるか、考えていないといけない。相手に悟られないよう、惑わせながら、1点をとるための配球を試していく。

❗ ポイント ツイストや速いカットで仕掛ける

- メニュー50の「12本打ち」のときに置いたコーンをイメージして、組み立てを考え、チャンスがあれば決めにいく。
- 1人のほうはツイストや速いカットなどで仕掛けるタイミングを探る。

バリエーション・メニュー

条件を変えながら、実戦を想定した配球にトライしていく

● 1人がダブルスコート、
　2人がシングルスコートに打つ

● 1人、2人ともに
　シングルスコートに打つ

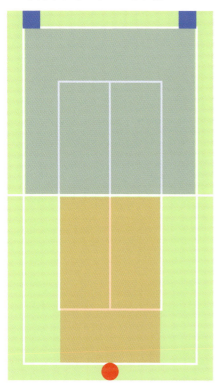

どこに打ってもOKで、1人側はダブルスコート、2人のほうはシングルスコート内で攻撃を仕掛けていく。2人側はコートが狭い分、よりコースを絞って仕掛けていく練習になり、1人側はコートが広い分、思いきってチャンスには前につくなどの勝負ができる。

2人側も1人側もシングルスコート内でのラリーとなる。ここで重要なのは、実戦を想定し、1人側はボールが飛んだ方向の選手とシングルゲームを行うつもりで配球すること。ただし、その場合、実戦ではオープンスペースになるコースに決めにいっても、この練習ではフォローの選手がいるため、返球される。実戦でも決めにいって返球されることがあるため、集中力を持って、決めきれるまでしっかりとプレーしていこう。

終章

練習計画と
メニューの組み方

私たちは社会人なので、平日は仕事が終わったあとに練習しています。学校の授業後に部活動の練習をしている多くの読者のみなさんと同じ練習状況ではないでしょうか。ですから、ここで紹介する練習メニュー例でも、短い時間を使って、いかに競技力向上に効果的な練習をしているのか、参考にしてもらえると思います。

1　1日の練習メニュー day

平日は基本練習が中心。
日替わりで練習内容、設定を変えよう

　右の練習メニューを見てください。平日は基本練習を中心に行っています。ただし、日替わりで練習内容は少しずつ変わります。試合でできなかったこと、試合で使いたいプレーを考え、さらには、その日のメンバーの状態や前日までの練習を見て、より必要と思われる練習内容に変えたり、または同じ練習であっても設定条件を変えたりすることもあります。

　毎日同じ練習ではなく、同じねらいはあったとしても、少しずつ負荷やシチュエーションを変えることで集中して取り組めると思います。練習を行うにあたって、もっとも大切なことは、その練習の意図、ねらい、目的を理解したうえで練習に臨むこと。そして、自分自身で工夫を加えていくことが大切です。たとえば、ボレーのスタートのタイミングを、早めに出るとき、少し遅れて出るときなど、試合で起こりうる場面を想定して課題を意識しながらプレーしていきましょう。

平日（2時間の場合）

時刻	19:00	19:10	19:50	20:10	20:35	20:50	20:55	21:00
内容	ランニング&アップ	乱打／ロビング・中ロブ／シュート／ショート乱打／ボレー&ボレー	空中戦／ボレー／ローボレー／スマッシュ	サービスレシーブ	日替わり練習	クールダウン	ミーティング	

平日（3時間の場合）

時刻	18:00	18:30	19:10	19:30	20:00	20:50	20:55	21:00
内容	ランニング&アップ&トレーニング	乱打／ロビング・中ロブ／シュート／ショート乱打／ボレー&ボレー	空中戦／ボレー／ローボレー／スマッシュ	サービスレシーブ	日替わり練習	クールダウン	ミーティング	

2時間練習も3時間練習も大まかなメニューは変わりません。時間がないときはウォーミングアップは10分ですが、時間があれば、トレーニングも加え、30分間でボールを打つ練習に向けて身体が動くよう準備をします。

後衛、前衛ともに入るストローク練習とネットプレーの練習後は、平日でもサービス&レシーブをしっかりと30分近く行います。その後、今、やるべきことを日替わりで練習し、最後はクールダウンとミーティングで終了。

休日（7.5時間の場合）

時刻	9:00	9:45	10:25	10:30	11:00	11:30	12:00	13:00
内容	ランニング&アップ&トレーニング	乱打／ロビング・中ロブ／シュート／ショート乱打／ボレー&ボレー	休憩	空中戦／ボレー／ローボレー／スマッシュ	サービスレシーブ	基本日替わり練習	お昼休憩	

時刻	13:00	13:10	13:30	14:40	14:50	16:05	16:40	16:50	17:00
内容	ランニング&アップ	乱打／ロビング／シュート	後衛、前衛に分かれて練習	休憩	実戦的なゲーム形式	休憩	パターン練習	クールダウン	ミーティング

午前中は、2〜3時間練習と同じ内容です。平日の練習も同様ですが、練習の合間に水分補給を積極的にしましょう。午後は、実戦的なゲーム形式の練習をおよそ1時間行います。そのほかパターン練習など、**実戦でありうる場面を想定した練習を繰り返します。なかなか平日の練習で時間をとれない部分のため、休日に集中して取り組んでいきましょう。**

2　1週間の練習メニュー　week

基本、守備力、攻撃力の3つのテーマごとに目標、課題を設定

　1週間ごとの目標や課題設定も重要です。もちろん1日の中でもその日の目標や課題の意識はしなければなりません。私たちのチームでは、「基本」「守備力強化」「攻撃力強化」と3つのテーマに分け、それぞれに1週間の目標、課題設定を行います。そして、決めた内容をクリアできているか、またはどのくらいまで到達しているか、自分自身で感じ、把握することも大切です。その状況により、翌日の練習メニューを変えたり、もしくは課題が変わってくるかもしれません。常に練習メニューのねらいや課題と、自分自身の状態をすり合わせて現状を理解していきましょう。

 基本と守備力強化は毎日行う。
試合が近づくと攻撃力強化のメニューをとり入れていく

● **基本中心**　スマッシュ、バックボレー(面合わせ)、サービスといった各ショットの繰り返し練習により、基本技術の土台を磨く。

月	火	水	木	金	土	日
フリーまたは自主練習	スマッシュ バックボレー(面合わせ) サービス	スマッシュ バックボレー(面合わせ) サービス	スマッシュ バックボレー(面合わせ) サービス	火〜木をベースとした日替り練習	火〜金をベースとした日替り応用練習	火〜金をベースとしたチェックと仕上げ

● **守備力強化**　さまざまなバリエーションの乱打を行う。ゲームの基本であるラリーの応用力を養うことで、実戦時に瞬時の判断ができるようになる。

月	火	水	木	金	土	日
フリーまたは自主練習	4人乱打 ショート乱打 空中戦	4人乱打 ショート乱打 空中戦	対人乱打 ショート乱打 空中戦	対人乱打 ショート乱打 空中戦	乱打日替りとショート乱打 空中戦からの応用	乱打日替りとショート乱打 チェックと仕上げ

● **攻撃力強化**　多くのパターン練習やフォーメーションを確認することで得点パターンを習得する。できるだけ多くのパターンを実戦で使えるよう精度を上げていく。

月	火	水	木	金	土	日
フリーまたは自主練習	パターン練習① フォーメーション①	パターン練習② フォーメーション②	パターン練習③ フォーメーション③	パターン練習④ フォーメーション④	パターンすべて フォーメーションすべてからのゲーム形式	パターンすべて フォーメーションすべて チェックと仕上げ

3　1カ月の練習メニュー month

ここでは、試合1カ月前の練習メニューについてお話ししていきましょう。

第1週
基本の見直し。負荷を与えた練習もOK

　大会まで4週間。ミスをしないためのフォームや効果的な身体の動かし方をチェックしながら、基本練習を繰り返します。この時期ならば、負荷を与える練習も行ってもよいでしょう。疲れた身体の状態でも、しっかりと効果的な身体の動かし方ができるよう心がけましょう。

第2週
実戦に即した流れのある練習を

　基本練習を組み合わせ、実戦を想定した練習を行っていきます。試合で想定される場面を設定し、そこからの攻撃パターン、切り返し方、しのぎ方など、実戦をイメージした練習を積み重ねましょう。特に、ラリーのはじめのサービス＆レシーブでも、「今は、ゲームポイントを握られている場面」「このポイントを奪えば、ゲームカウントがタイになる」など、自分自身で細かい場面設定をしてメンタルコントロールした中で思い通りのプレーができるようにしましょう。

　全体的に、1プレーで終わらず、ラリーの中でプレーするように流れのある練習を行っていきます。

第3週
ゲーム形式でうまくいかなかった部分、弱点を再強化

　実戦をイメージしてゲーム形式の練習に取り組む1週間。ただ、まだ2週間あるため、自分の弱点をもう一度強化し直せる時期ともいえます。ゲーム形式でうまくいかなかった部分を、あとで基本練習を行うことでもう一度チェック。フォームや身体さばきを確認しましょう。

第4週
場面に応じたパターンの精度を上げる

　残り1週間は、得点パターン、しのぎ方、切り返し方のパターンの精度を上げましょう。また、ゲームを行うことで、相手によっての攻め方をしっかり考えて、ゲームに臨むようにしましょう。一瞬の判断力や集中力を高めるよう心がけましょう。

	月	火	水	木	金	土	日
第1週	←―――――基本練習―――――→						
		ストローク、サービス、レシーブ、ボレー、スマッシュ					
第2週	←―――――実戦に近い練習―――――→						
		パターン練習、サービス＆レシーブ、流れのある練習					
第3週	←――ゲーム形式／ゲーム／弱点強化――→						
				ゲーム中心			
第4週	←――パターン練習／ゲーム形式／ゲーム――→						
				ゲーム中心		大会	

4 1年間の練習メニュー year

準備をしっかり！
基本練習、実戦練習などメリハリをつけて練習していこう

　ソフトテニスは、屋外、屋内でプレーできるため、1年中大会のある競技でもあります。ただ、照準を合わせた大会というのは、それぞれの選手にあるはずです。私たち社会人のチームですと、日本一を決める最大の大会は「全日本選手権」です。大会が行われる10月に照準を合わせた年間計画を立てます。

　学生のみなさんでいえば、全日本小学生選手権大会、全国中学校大会、インターハイ、インカレなど夏に開催される大会が、それぞれ照準を合わせた大会でしょう。そのためには、右の表を2カ月ほどズラして参考にしていただければよいかと思います。

　試合で勝つためには、「準備」が非常に大切です。それは試合の中でも同じ。ミスが生じやすいのは、ボールを打つ準備ができていないときです。年間計画、月間計画、週間計画、そして1日の練習計画と長期、中長期、短期の計画をしっかり立て、毎回、その計画と現状をすり合わせ、現状に合わせて調整しながら、目標達成に向かっていきましょう。

この表では10月の皇后杯＝全日本選手権がもっとも照準を合わせた大会といえます。ただ、1シーズンの中にはほかにも試合があります。試合を積み重ねながら、一番結果を出したい大会に向け、着実に力を向上させていきましょう。

★の月に照準を合わせる

4月	●シングルスの強化 ●トレーニング、フットワークを重視	★10月	●全日本選手権＝優勝をねらいにいく大会 ●部内試合を行い、戦略を確立させ、モチベーションを上げる
5月	●全日本シングルス選手権に合わせ、シングルスの実戦練習を行う ●部内試合がメイン	11月	●シーズンの反省点を踏まえ、弱点強化をしていく
6月	●大会がない時期なので、基礎体力、基礎練習を実施 ●「地獄の」合宿を1回入れる	12月	
7月	●西日本選手権は試す大会 ●戦略＆パターンを徹底する ●他チームと練習試合を行う	1月	●冬場は体力強化、基礎技術強化を行う ●試合感覚を忘れないように部内総当たりリーグ戦も行う
8月	●夏場は一番練習時間がとれる ●西日本選手権で試すことができなかったことを徹底して練習する	2月	
9月	●全日本社会人選手権 ●ペア間での戦略＆パターンを確立させていくため、実戦練習を行う	3月	●新メンバー入部 ●基本を徹底 ●ミーティングを増やし、目指すチームについて共通認識を持つ

CONCLUSION
おわりに

啐啄同機（そったくどうき）

　卵の中でまだ生まれない今年の雛がいます。いよいよ雛がかえる時期がくると、自分で卵の中からくちばしで殻を叩くのです。それと同時に、親鳥は外から同じ場所をくちばしで叩きます。

　両方とも逸してはならない好機をとらえ、一生懸命に叩きます。そして、いよいよ卵の殻が割れて雛が初めてかえることができるのです。ただ、その両者が協力しなかったら、雛鳥の誕生には時間がかかり、とても難産になります。

　これはソフトテニスでもたとえられます。指導者が殻を外から叩いて、選手が中から叩いて、その結果としてうまく殻が割れて選手が新しい世界に出ることができる。つまり双方相まって、ソフトテニスが早く上達することになる——私の気に入っている格言です。

2歩先を考えながら、1歩先を行く

　今回の書籍の中にも、繰り返しお話しさせていただきましたが、私た

ちのチームは、発想力を大切に考えています。そして、現在のチームのスローガンは「できるか、できないか、ではない。やるか、やらないか」です。

これまで画期的で斬新な発想のもとに実践してきた戦術を揶揄されることもありました。「ダブルカットサービス」「攻撃型並行陣」「オールラウンダー」……しかし、勇気をもって、挑戦し、実践し続けたことにより、日本一や世界一というタイトルを獲得する選手を生み出したことも事実です。

「2歩先を考えながら、1歩先を行く」精神は、現在の選手たちにも引き継がれ、今もそれぞれの選手が一心にソフトテニスに向かい合って、日々練習を積み重ねています。

そのような私たちの取り組みを紹介している本書が、少しでもみなさんの刺激となり、技術向上や意識改革のお役に立てることができたら幸いです。これからも私たちのチームは新たな挑戦に向かっていきます。お互いに頑張っていきましょう‼

どんぐり北広島ソフトテニスクラブ　監督
中本裕二

著者
中本裕二 なかもと・ゆうじ

1958年、広島県生まれ。音戸高―日本体育大―日本電信電話公社（当時）。現役時代は日本リーグや全日本実業団など数々の主要大会で優勝。88年にNTT西日本広島女子監督に就任。93年〜98年まで全日本女子チームのコーチを務め、2000年〜2007年まで全日本女子ジュニアチームのコーチ・監督を歴任し、08年より全日本女子チーム監督に就任する。07年、生涯スポーツ功労者として文部科学大臣表彰を受賞。10年、日本代表女子監督として念願のアジア競技大会（広州）の金メダルを獲得。11年、アジア競技大会金メダル獲得により、文部科学大臣表彰を受賞。13年にNTT西日本総監督を退任し、15年に地域密着型ソフトテニスクラブ「どんぐり北広島」を創設。現在は同クラブ監督を務めながら全国を飛び回り、地域と連携した指導体制のもとソフトテニス教室・講演会活動を精力的に行うなど、ソフトテニスの振興と普及に努めている。

協力
どんぐり北広島ソフトテニスクラブ

広島県北広島町を拠点に地域に根ざしたソフトテニスクラブ。前身のNTT西日本広島時代、日本選手権単複において数々のチャンピオンを生み、さらには多数の日本代表選手を輩出してきた。ラケットと熱い志を持って、さらなる高みを目指し、日々、邁進中！

デザイン／有限会社ライトハウス
　　　　　黄川田洋志、井上菜奈美、藤本麻衣
　　　　　株式会社アクセス
写　真／江見洋子
編　集／八木陽子
　　　　　三上慎之介（ライトハウス）

身になる練習法
ソフトテニス　オールラウンド力を高める

2016年11月25日　第1版第1刷発行
2018年10月31日　第1版第2刷発行

著　者／中本裕二

発　行　人／池田哲雄
発　行　所／株式会社ベースボール・マガジン社
　　　　　　〒103-8482
　　　　　　東京都中央区日本橋浜町2-61-9　TIE浜町ビル
　　　　　　電話　03-5643-3930（販売部）
　　　　　　　　　03-5643-3885（出版部）
　　　　　　振替　00180-6-46620
　　　　　　http://www.bbm-japan.com/
印刷・製本／広研印刷株式会社

©Yuji Nakamoto 2016
Printed in Japan
ISBN 978-4-583-11063-9　C2075

＊定価はカバーに表示してあります。
＊本書の文章、写真、図版の無断転載を禁じます。
＊本書を無断で複製する行為（コピー、スキャン、デジタルデータ化など）は、私的使用のための複製
　など著作権法上の限られた例外を除き、禁じられています。業務上使用する目的で上記行為を行うこ
　とは、使用範囲が内部に限られる場合であっても私的使用には該当せず、違法です。また、私的使用
　に該当する場合であっても、代行業者等の第三者に依頼して上記行為を行うことは違法となります。
＊落丁・乱丁が万一ございましたら、お取り替えいたします。